熱い想いを大切にする骨太「起業術」

松村一朗 著

セルバ出版

はじめに

本書を手に取られたみなさんは、少なからず起業することを考えられていると思います。みなさんは、それぞれ「社会の役に立ちたい」、「事業を通じて自己実現をしたい」、「裕福になりたいなど」いろいろな思いを持って起業を夢見ているのではないでしょうか。

筆者が経営する横濱元町会計事務所では、数々の起業家をサポートしてきましたが、年々起業に関するご相談が増えており、みなさんのように起業を目指す方の数も多くなっていると実感しています。

人々に喜ばれる価値を提供しようと頑張る起業家が増える傾向にあることは、とてもうれしいのですが、その反面、心配もしてしまいます。というのも、事業を始めた「後」に相談に来られた方の中には、経営するという感覚がないまま事業を始めてしまい、たった数か月で経営に苦しんでいる方も少なからずいらっしゃるためです。

筆者は、できるだけ多くの起業家に成功してほしいと思っています。そこで、本書では、筆者が税理士として10年間起業に携わってきた経験をもとに、「事業を始めるときに何をすべきか」、「起業してから事業を継続していくには何が必要か」に関するノウハウを解説していきます。

起業するときに一番大切なことは、「なぜ、起業するのか」「事業を通して何を実現したいか」というみなさんの事業に対する「想い」です。

事業は、揺るぎない「想い」を軸に組み立てなければいけません。

本書は、第1章から第4章までで、この「想い」をベースにみなさんが提供しようとする価値（商品・サービス）が、実際にビジネスとして成り立つように事業の骨組みをしっかりつくって、万全の準備をナビゲートします。

そして、第5章、第6章では、起業時の熱い「想い」を常に経営に反映させながら事業を継続させるために、どのようなことをすべきかを解説します。

本書は、起業することをゴールとしていません。事業を始めた後も、みなさんが自分の力をフルに発揮して、いつまでも事業を続けられるためのお役に立てれば幸いです。

平成28年3月

松村　一朗

熱い想いを大切にする骨太「起業術」　目次

第5章　資金調達をしよう！【資金の安定化】

第6章　事業を長く続けるために大切なこと【経営行動の習慣化】

第1章

経営者としての「想い」を形にしよう！【理念の確立】

1　起業は甘くない！

○起業の厳しさを知る

起業はしやすくなっているが…

以前は、最低３００万円を用意しなければ法人は設立できませんでしたが、平成18年の会社法の改正で、資本金が１円から法人が設立できるようになったことや、合同会社で安価に法人設立が可能となったことで、法人がつくりやすくなりました。

また、政府も、開業率を現状の４・５％から欧米並みの10％とするために、起業インフラを整える政策を打ち出しています。

このように起業のハードルが低くなってきていることから、今後も起業家の数は増えていくものと考えられます。

志を持った起業家がどんどん起業していくことは、世の中の活性化に繋がりますし、様々な価値が創出されますから、とてもいいことだと思います。

しかし、起業環境が整備されることのメリットは、事業を始めるための間口が広がったということだけであり、事業を継続することの厳しさは何も変わっていないことは、理解しておかなければ

【図表１　企業の生存率】

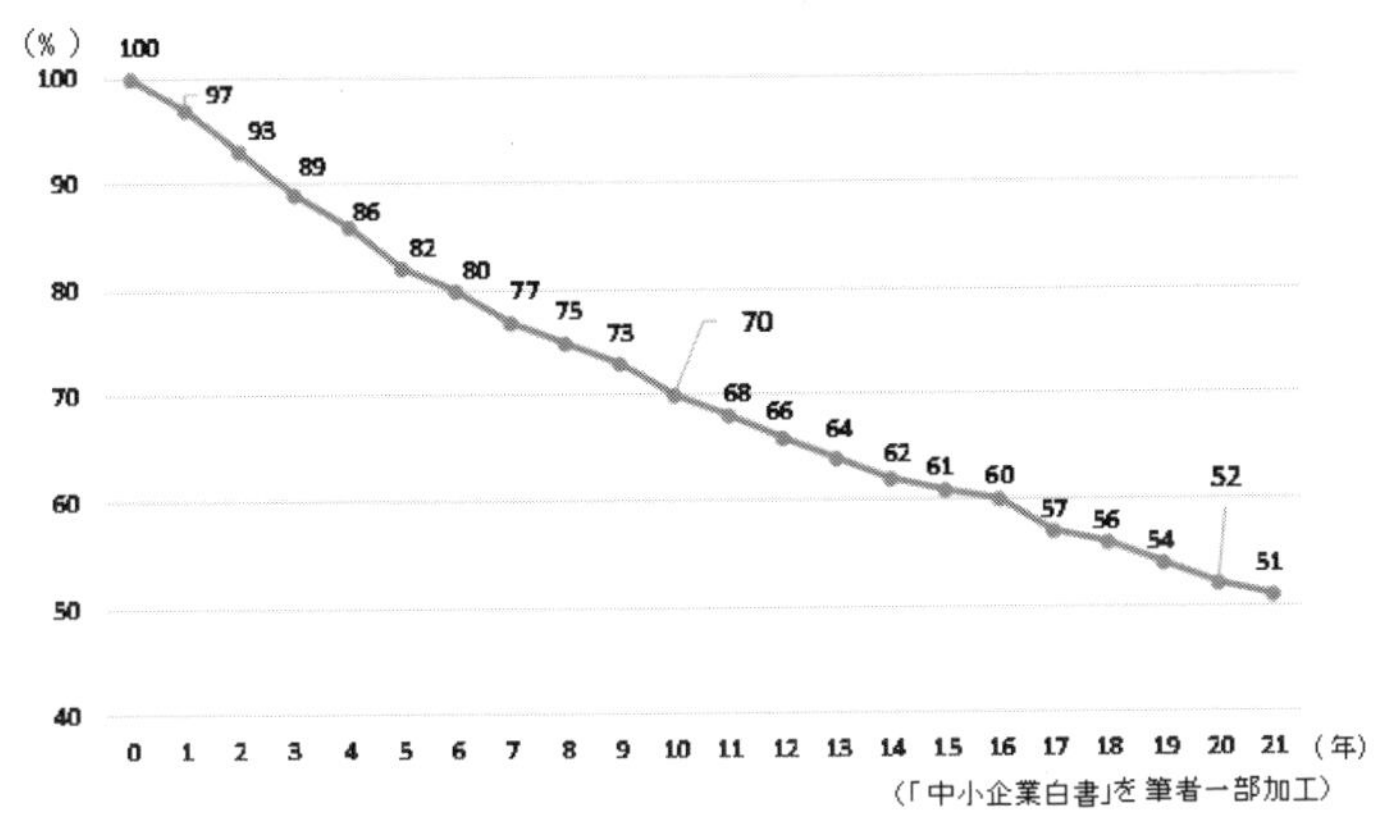

（「中小企業白書」を筆者一部加工）

なりません。

起業後の現実

それでは、起業後に事業を継続するのは、どれだけ難しいのか。生存率という指標で確認してみましょう。

生存率という指標は、起業した後、数年後にどれだけの企業が生き残っているかを示したもので、この統計が記載されている中小企業白書によると、10年後には約３割の会社が、20年後には約５割もの会社が廃業しているとされています（図表１）。

30代で起業すると、20年後とは、まだバリバリに仕事ができる50代です。そこまで生き残っていられるのは、起業した会社の約半数しかありません。それ以外の人たちは、退出しなければならないというとても厳しい現実があるのです。

また、国税庁の統計によると、平成25年の利益計上法人は、わずか31・８％しかないのです。

その利益計上法人の中には、入札や借入れのために何とか利益を出そうと自分の役員報酬を極力抑えている社長も多くいるのが現実です。

このようなデータを見ると、生き残ったとしても、自分が思い描いた形で経営できるのはごくわずかの会社であると推測できます。

起業することは、非常にやりがいがあり、人生の中でもとても素晴らしい体験ですが、生き抜くことが厳しい現実があることはぜひ理解しておくべきです。

○起業には万全の準備が必要

準備の大切さ

熱意ある起業家がどんどん出てくるのは非常にうれしいのですが、その反面、事業を興すために必要な準備を充分行わずに起業するのが増えるのではないかという心配もあります。

このように思うのも、筆者の事務所に相談に来られる方の中には、事業を始めて数か月で既に目の前の仕事に振り回され、経営のことを考える時間が全くなかったり、資金繰りに困っているという状況に陥っている方がいるためです。

お話を聞いてみると、事業を始める前に事業を経営するという自覚を持って準備していれば……と思うことも少なくありません。

多くの方が事業に対する情熱があって、素晴らしい商品・サービスを持っているのに、最初の準備で躓いてしまったことで思うように経営をできていない姿を見るのは、残念でなりません。

そのままでは事業を継続することは難しいので、体制の立て直しを図ることになりますが、事業のベースを少しでも早く構築したい大事な時期に、内向きな作業をしなければならないのは本当にもったいないことです。

みなさんには、本書で事業を始めるための準備の大切さに気づいていただければと思います。

どのような準備をするかが大事

ところで、みなさんは、起業に向けて準備はキチンと進めることはできていますか。

こう聞くと、「準備はしています」と答える方が多いかもしれませんが、みなさんが今「している」と考えた準備は、事業を始めるために、また、それを継続していくために必要な準備をすべて含んでいるのでしょうか。

一般的に、起業の準備というと、会社の設立手続をする、許認可を取る、物件を探す、必要な備品を買うなどを思い浮かべると思います。確かに、これらはすべて事業を始めるために絶対やらないといけないことです。しないと何も始まりませんが、それは、事業を始めるための最低限の手順を踏んでいるに過ぎません。

このようないわば会社をつくる手続をしているだけでは、とても準備をしているとはいえないのです。

もし、とりあえず始めてしまえば何とかなるというような考えで準備されているようでしたら、そのような甘い気持ちはさっぱり捨て去ることです。

万全の準備をしなければ、厳しい競争に打ち勝って生き残ることは非常に難しいということを強く意識してください。

10年先に生き残っているためには、今、何をすべきかを常に考えながら準備するようにしましょう。

事業を継続させるために起業前にしておくべき準備を、これから本書で解説していきます。

そこでは、みなさんの事業に対する「想い」は何かを考えたり、みなさんのアイデア・経験を事業として成り立たせるために、事業の骨組みを考えていきます。

事業を長く続けるために、しっかりとした準備をしていきましょう。

2　生き残るためには何が必要か

○自分の「想い」の大切さを知ろう

「想い」がすべてのベースとなる

事業を継続させることは難しい、継続するための準備を起業前からやるべきと書いてきましたが、それでは、事業を継続するために最も大切なものは何でしょうか。

筆者は、みなさん自身の事業に対する「想い」だと考えます。

「想い」とは、「なぜ、事業を行うのか」「みなさんが事業を通して何を実現させたいか」ということを形にしたものです。

会社の存在意義や果たすべき役割を示し、事業を行っていく上での価値基準でもあり、事業の根幹を担うものといえます。

「想い」は結果的に利益に結びつく

「想い」が大事というと、そのような教科書的なきれい事を言ってもしょうがないと思われる方も多いでしょう。

確かに、目に見えない概念的なものを確立したとしても、それが事業の成功に繋がるということを想像するのは難しいかもしれません。

しかし、お金だけに目を向けて、短期的な利を追求するよりも、「想い」を確立したほうがより多くの利益を得ることができます。

事業全体が「想い」という事業の本質的な考えをベースによって組み立てられており、かつ、その運営が「想い」に基づく価値観に基づき行われていれば、その事業は、確実で継続的に利益を獲得できるのです。

「想い」と「利益」の相関関係

では、本当に「想い」を軸に経営をすれば利益を獲得できるのか、それを確認していくことにしましょう。

経営理念（「想い」）の有無と経常利益の関係については、「1枚のシートで経営を動かす（宮田矢八郎著：ダイヤモンド社）」という本でデータが示されています。

次のページの図表2は、「優良企業」（ＴＫＣ経営指標における2期連続黒字企業のうち経営指標が上位85％以内の企業）５，１５６社のアンケート回答から作成されたものです。

まず、経営理念と経常利益の相関関係を見てみると、経営理念がある企業のほうがない企業よりも１・７倍も多く経常利益を確保できています。

次に、経常利益の金額別の経営理念の保有割合を見てみると、経常利益の額が多くなるにつれて経営理念を保有している割合が高くなっています。

５，０００社を超える企業からの回答から得られたデータを見る限り、経営理念（「想い」）と経常利益との間には、相関関係があるといえるのではないでしょうか。

「想い」とは、経営者の自己満足のためにあるのではありません。利益を確保して事業を継続させるために必要なものなのです。

【図表２　経営理念と経常利益の相関関係、経常利益額別経営理念の保有割合】

○経営理念と経常利益の相関関係

経営理念の有無	構成比	経常利益（平均）
経営理念あり	55%	4,900万円
経営理念なし	45%	2,900万円

約1.7倍

○経常利益額別　経営理念の保有割合

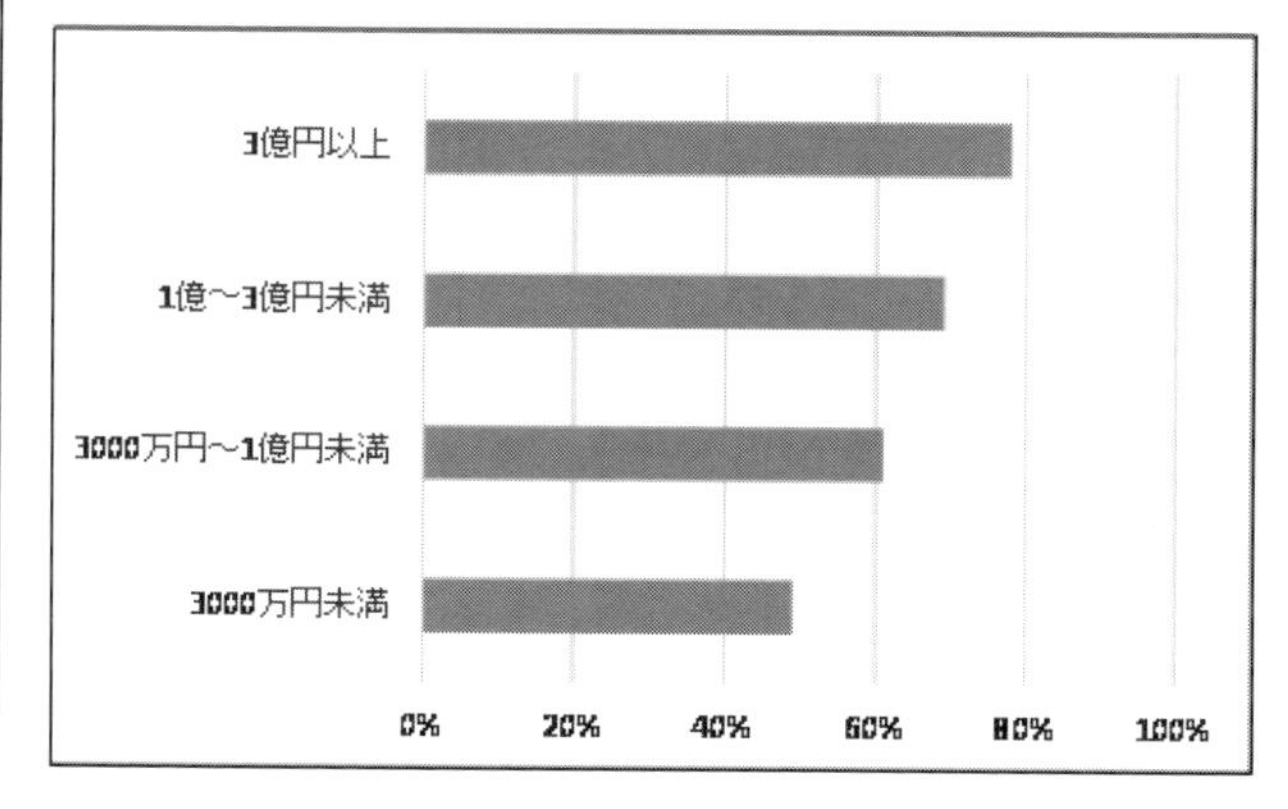

（出所：宮田矢八郎著「１枚のシートで経営を動かす」）

○「想い」はいかに事業に影響を与えるか

会社経営の軸となる

「想い」とは、みなさんの事業に対する本質的な考えを示すものです。

会社がなぜ存在するのかを定義して、また、継続的に事業を行う存在として社会で果たすべき役割を明確にする「想い」は、経営者であるみなさんの人生観や信条から導かれます。

自分自身の内側から導かれた「想い」は、みなさんが日々事業を経営していく中で判断に迷ったとき、困難な状況に陥ったときの拠り所となり、経営の軸となるのです。

社員の行動指針となる

経営者であるみなさんの判断の拠り所である「想い」は、会社として何が正しいかを示す価値基準となりますから、社員全員の行動指針になります。

現在、企業を取り巻く環境はめまぐるしく変化していきます。もちろん、重要な意思決定は経営者に委ねられるべきですが、現場レベルでも今までにない場面に遭遇し、その場で適切な判断を迫られることが少なくありません。

このような状況の中、経営者と社員との間で仕事をする上での価値観の共有ができていれば、経営者や管理職の指示がなくとも、会社として何が正しいかということを基準に行動をすることができるのです。

会社全体をまとめることができる

会社の果たすべき役割を示すことで、会社はどこに向かっているかを社員に伝えることできるので、社員全体のベクトルを同じにすることができるようになります。

みんなが同じベクトルに向かえば、そこには「想い」に合った企業文化が醸成されていきます。自然と会社の価値観に合った社員が残るようになり、また、新しく入る社員も「想い」に共感して入社することになりますから、社員みんなが生き生きと働くことができ、会社全体が達成すべき「想い」に向かって突き進んでいくようになるでしょう。

会社全体が一丸となることは、人材が限られる規模の小さい会社とって、大きな武器になります。

社外からの共感

お客様や取引先に、商品・サービスがみなさんの熱い「想い」のもとで提供されているのを伝えることにより、厚い信頼を得ることができるでしょう。

また、他の会社にはない高い志を知ることで、会社や商品に思い入れがある強烈なファンとなるかもしれません。社内だけでなく、社外においても会社の価値観に合った人たちと繋がることで、事業のベースを強固なものにできるのです。

3　自分の「想い」を明確にする

○自分を徹底的に見つめ直す

自分自身を振り返ってみる

「想い」とは、事業に対する本質的な考え方と述べましたが、その考え方は、みなさんの人生に対する価値観から生み出されるものです。

「想い」を明確にするには、まず、みなさん自身の過去を振り返って、「自分はどんなことがあるとうれしくて、どんなことがあると悲しいのか」、「何が正しいと思って生きてきたか」などいろいろな側面から自分を見つめ直すとよいでしょう。

自分を見つめ直すといっても、漠然と考えただけでは、なかなかうまくまとまりません。また、「想い」は、最終的には、社員のみなさんや社外の人など、様々な人に伝えられるように明文化しますから、すべての過程をノートに書き込むなど記録しながら作業されることをおすすめします。

自分年表をつくる

生まれてから今までの出来事、経験したことは、みなさんの価値観に大きい影響を与えていることと思います。自分自身を振り返り、自分がどのような価値観を持っているかを見つめ直すには、自分年表をつくるとよいでしょう。

過去を振り返って、どのようなときに自分はうれしかったか、悲しかったのかなどを通して、自分の価値観を整理できればよいのですから、特に決まったつくり方はありませんが、図表3を使って、筆者なりの自分年表のつくり方をご紹介しますので、参考にしてください。

(1) 年、年齢の欄

出来事があった年（西暦和暦）、そのときの年齢を書き込みます。

【図表３　自分年表】

自分年表

年	年齢	出来事	キーワード	思ったこと・感じたこと

⑵　出来事の欄

今までの人生で心に残った経験（親族との関係、友人関係、部活動での成果、アルバイト、海外旅行など）や大きなイベント（入学、卒業、就職、結婚、子供の誕生など）について、事実のみを書き出していきます。コツは、あまり考えすぎずに思いつくものをどんどん書いていくことです。

なかなか書けないようでしたら、まず、どのような学校に行っていたか、どこに就職したかなど、いつ、その出来事があったかが思い出しやすい大きなイベントを先に書き込んでみてください。

大きなイベントを埋めていくと、高校時代、大学時代、就職後などいくつかのグループに分けることができますから、その時代に何があったか、どのような経験をしたかが思い出しやすくなるでしょう。

⑶　キーワードの欄

出来事を一言でまとめるとどういうことかを書い

てみましょう。
例えば、次のような形です。
○　大学に入学……新たな環境
○　学級委員になる……人をまとめる
○　野球部に入る……忍耐
○　ボランティア活動……人のために行動する

⑷　思ったこと、感じたことの欄
⑵の出来事があったときにどのような感情になったか、何を思ったかを書きます。誰にも見られるものではありませんから、思いつくまま素直に書いていきましょう。
出来事は書いたけれど、特に思い出せない……、というのであれば、飛ばしてもかまいません。少々空欄があっても、自分の価値観を見つめ直すという目的に影響がないと思ったら、気にせず進んでいってください。

⑸　重要な出来事をマーカーで塗る
すべてを書き終わったら、過去の出来事を思い出しながら、ゆっくり自分年表を見直してください。
そして、「うれしかった」、「悲しかった」、「充実していた」などの感情の振れ幅が大きかったところにマーカーを引いてみます。現在の自分の考え方に影響を与えたものにも引くとよいでしょう。

マーカーを引いた部分の出来事の「キーワード」と「思ったこと・感じたこと」を並べると、自分がどのようなときにうれしいと感じたり、悲しいと感じるかが把握しやすくなります。

自分への問いかけ

自分年表をつくり終わったら、自分に対して次の問いかけをしてみましょう。自分自身の価値観が整理できるものであれば、問いかけは他のものでもかまいません。

- どのようなことをするときに喜びを感じるのか
- どのようなことが起こったときに悲しみを感じるのか
- どのようなことを達成すると充実していると感じるのか

答えるときは、自分年表のマーカーを引いた部分を考えると、考えがまとまりやすくなります。この作業を通じて、自分自身の存在意義、価値観、使命はどのようなものなのかをじっくり考えてください。

将来どうなっていたいか

自分年表では過去を振り返りましたが、今度は将来のことを考えてみます。

【図表4　今の状況と将来】

	今の状態	将来
家庭		
仕事		
人間関係		
お金		
社会での位置づけ		

みなさんは、将来はどのようになっていたいですか？

家庭、仕事、人間関係、お金、社会での位置づけなど切り口はいろいろありますが、自分年表で確認した価値観に照らし合わせながら、それぞれ自分が将来どういう状態でありたいのかを考えてみましょう。

いきなり、将来のことを考えるのは、難しいかもしれません。

そこで、図表4を使って、まず、今の状態を書いてみて、現在をベースに将来はそれがどうなっていたいかを考えると、どうありたいかが書きやすくなります。

みなさんにとっての自己実現とは

自己実現とは、「自分の目的、理想の実現に向けて努力し、成し遂げること」をいいます。

みなさんにとって自己実現とは、どのようなことでしょうか。

ここまで、みなさんは、人生においてどういう価値観や使命を持っており、将来こういう状態でありたいかということを考えてきました。

これらをまとめて1つの文章にして、人生で何を成し遂げたら自己実現できるのかを明らかにしましょう。

私にとって自己実現とは、

である。

事業に対する「想い」を明確にする

前項では、自己実現とは何かを考えました。みなさんが「人生において、どう生きていきたいか」という人生観を持つことはとても大切なことです。

しかし、事業を興して経営者になるのであれば、その根幹となる考えは、自己の欲求だけを満たす自己実現であってはいけません。自身の人生観に基づいて、みなさんがどのように事業を経営していきたいかという、いわば事業観ともいうべきものを考えることが必要です。

会社は、みなさんを支えてくれる社員をはじめとして、お客様、銀行などいろいろな人たちに支えられて初めて成り立つものですから、社会において肯定されるものでなければなりません。

松下幸之助の言葉に、「企業は社会の公器である」というものがあるとおり、会社は社会に生かされているものです。社会に対する貢献という考えも「想い」に含まれるべきです。

これらを踏まえながら、みなさんの事業に対する「想い」を文章にして、目に見える形にしてみましょう。

事業に対する「想い」

最初からみんなが感動するようなうまい文章がつくれなくても構いません。文章が下手でも、事業を行う目的を明確にして、その目的を達成するに当たってこれが正しいのだという価値観がしっかりしていれば、その「想い」は必ず伝わるはずです。

また、やりたいことは、言葉として発信すれば、必ず叶います。なぜなら、言葉にするとそれに向かって自然と行動するようになるからです。何もないところからは、何にも生まれません。みなさんの「想い」がみんなに見えるものものとすることが大事なのです。

4 「想い」を浸透させる

○「想い」を形にするだけではダメ

「想い」を浸透させられている会社は少ない

「想い」というものは、事業の根幹であり、とても大切であることを説明してきましたが、それでは一般的に経営に生かされているかというと、なかなかそのような会社を見ることはありません。

なぜ、うまく「想い」を生かせないかというと、社員にその「想い」を浸透されられていないからです。

「想い」を基準とした会社のパターン

まず、「想い」というものを中心に会社を分類すると、次の4つのパターンに分けられます。

【パターン1】事業に対する「想い」がない会社
【パターン2】「想い」が経営者の頭の中にある会社
【パターン3】「想い」が明文化のみされている会社
【パターン4】「想い」が浸透している会社

【パターン4】以外は、「想い」の浸透ができていません。

【パターン1、2】は、みんなに見える形になっていないので、そもそも社員に浸透するはずがないというのはおわかりいただけると思います。これら会社は、まず「想い」を文章にして、「見える化」する必要があります。

【パターン3】は、せっかく文章にして見える形にしているにもかかわらず、そのまま放置してしまっている会社です。

事業に対する「想い」は、明文化するだけでは浸透しません。社員一人ひとりにもそれぞれ自分のバックボーンとなる価値観がありますから、みなさんの価値観をベースとした「想い」が、そのまま腹に落ちないこともあるわけです。

また、すべての社員が会社で働くことについて熱意を持っているとは限りません。

こちらから、働きかけない限り、「想い」が浸透することはないのです。

○「想い」を形骸化させずに浸透させる

せっかく「想い」があったとしても、それが形骸化していれば、それは何の意味も持ちません。社員に浸透させて経営に生かすには、例えば次のようなことをするとよいでしょう。

・経営者自身が実践する

当たり前のことですが、旗振り役のみなさんが行動で示さなければ、誰もやるはずがありません。トップであるみなさんが言ったこととやっていることが違えば、逆に社員のみんなの心は離れてしまうでしょう。

・社員みんなで唱和する

経営者であるみなさんが率先して実践することは、「想い」浸透の大前提といえます。

朝礼や定例のミーティングの前などに唱和することは、効果的です。

語学の勉強と同じで、目で見て、耳で聞いて、口で発声するなど、五感を使って繰り返し行うと頭の中に定着しやすくなります。

唱和するとやる気が出てくるような言葉であれば、モチベーションが上がり、より効果が上がるでしょう。

・いつでも見られる状態にする

「想い」が常に見られる状態をつくりましょう。

職場の目につきやすいところに貼ったり、社員1人ひとりが携帯できるようにして、いつでも見られる環境をつくりましょう。

・議論して実際に業務で使う

唱和したり、見える化を徹底することも大切ですが、やはり実際使うことが一番です。

例えば、10分、15分でいいので、社員同士が「想い」について話し合う機会を設けたり、現場の業務で何か判断に迫られたときに意思決定の根拠として「想い」を確認し合うなど、日常の場面で触れる場面を多くつくることが大切です。

・愚直に継続する

これらの「想い」を浸透させる方法は、特に目新しいものではありません。逆に、唱和や「想い」を社内に貼り出すなどは、経営者の自己満足として揶揄されることがあるくらいよく出てくるものかもしれません。

これらを意味あるものとするのは、経営者であるみなさん自身です。繰り返しになりますが、みなさんが「想い」に基づく意思決定、行動を実践し、社員にその意味を常に説き続けることが何よりも大切であり、難しいところです。

マザー・テレサの言葉に次のようなものがあります。

思考に気をつけなさい、それはいつか言葉になるから。
言葉に気をつけなさい、それはいつか行動になるから。
行動に気をつけなさい、それはいつか習慣になるから。
習慣に気をつけなさい、それはいつか性格になるから。
性格に気をつけなさい、それはいつか運命になるから。

「想い（思考）」は、行動、習慣をつくり出すものであり、みなさんの事業のあるべき姿の原点となるものです。「想い」に基づく行動や社員への浸透が事業の成否を決めるといっても言い過ぎではないと思っています。

日々の業務に追われると、ついつい忘れがちになってしまうものですが、「想い」を軸とした経営を日々続けていくことを心がけましょう。

結局は、行動することの意味をしっかりと考えながら、泥臭いことを愚直に続けていくのが、事業継続の近道なのです。

第2章

「想い」を実現するビジネスの組立てをつくろう！【事業の具体化】

1　ビジネスとして成り立つか

第1章で明確にした「想い」を事業で実現させるには、ビジネスモデルを考える必要があります。ビジネスモデルを使って、どのような組立てで事業を行うかを整理していきましょう。

ビジネスモデルをつくる過程で、「誰に」、「何を」、「どのように」提供するかを決めることにより、事業を具体化することができます。

本項では、やろうとしている事業が絵に描いた餅にならないよう、ビジネスの骨組みをしっかりつくっていきます。

○ビジネスモデルって何だろう？

ビジネスモデルの意味

そもそも、ビジネスモデルとは、何でしょうか。ビジネスモデルに関する本は多く出版されていますし、みなさんも一度は聞いたことはあると思いますが、実際のところ、どのようなものかわからないという方も多いと思います。

ビジネスモデルとは、「事業で利益を生み出すための儲けの仕組み」のことを言います。「想い」を事業で実現させるために必要な事業の設計図と言ってもいいかもしれません。

【図表５　「想い」を実現するための事業の仕組み】

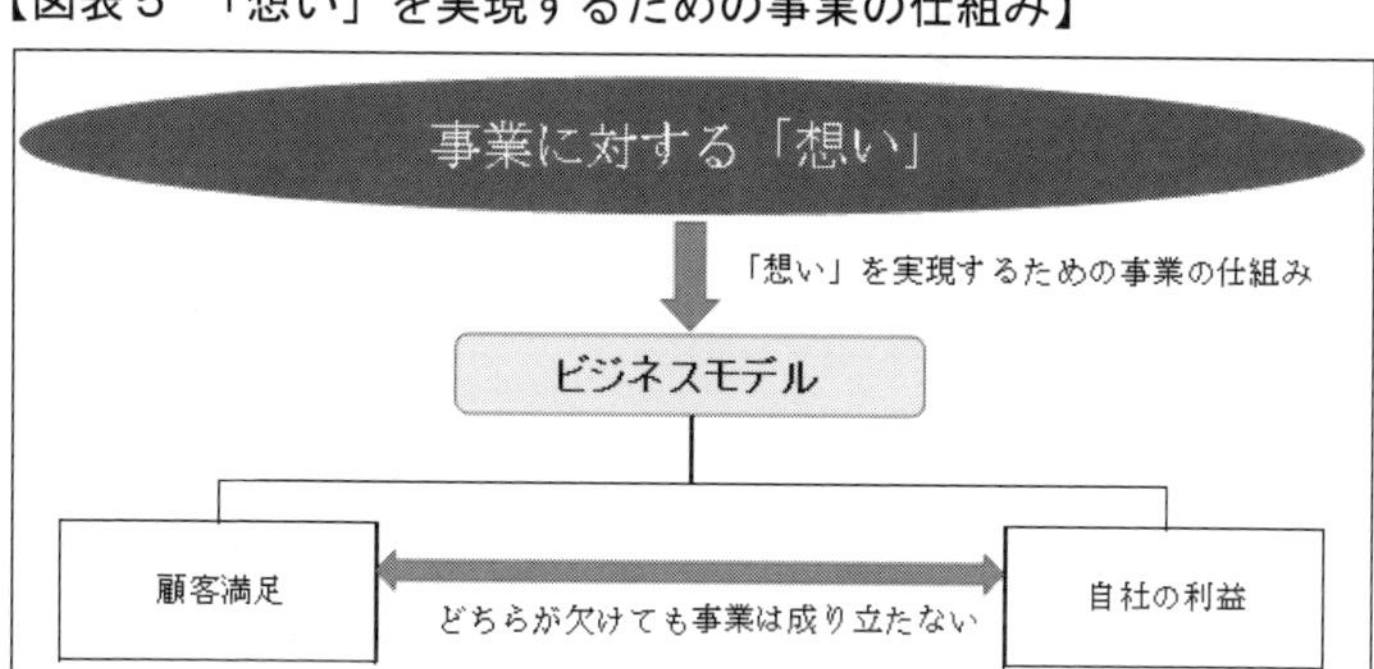

ベースとなるのは２つの目的

そして、この儲けの仕組みを考えるときに大切になるのは、「顧客満足」と「自社の利益」を両立させることです（図表５参照）。

「お客様に喜んでもらうこと」と「自社の利益を適正に確保すること」は、事業の両輪です。どちらかが欠けてしまえば、事業を継続することは非常に難しくなりますので、常にこの２つの目的を念頭に儲けの仕組みを考えるようにしましょう。

ちなみに、「儲け」という言葉に抵抗を感じる方がいるかもしれませんが、事業を行う以上、キチンと儲けを考えて経営するということは、必ず意識しなければなりません。

儲けて事業を継続することで、初めて商品・サービスを楽しみにしているお客様、従業員、取引先やみなさんの家族など、様々な人たちの役に立つことができるのです。

一方、儲けることに抵抗を感じて向き合わない人は、適切な利益を確保できませんから、事業基盤が脆弱となり、わずかな環境変化で行き詰まることになります。

【図表６　ビジネスモデルの３要素】

ビジネスモデルは、３つの要素を積み上げてつくっていきます。

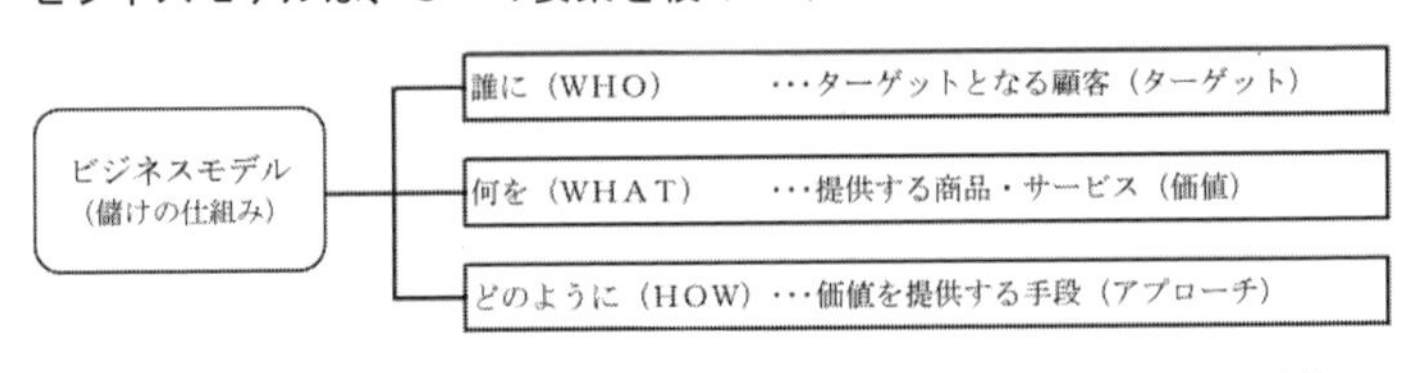

結果として、自分の「想い」を実現できないどころか、多くの人たちに迷惑をかけることになってしまうのです。

お客様のことを考えなかったり、他の人を犠牲にしてでも自分のためだけに儲けようとするのは、もちろんやるべきではありませんが、事業を続けるために儲けを考えて経営するということは、経営者として当たり前のことと思ってください。

ビジネスモデルの３要素

ビジネスモデをつくるためには、「誰に」「何を」「どのように」提供して収益を上げていくかを考えていくことが必要となってきます（図表６参照）。

この後、１つずつ見ていきますので、ここでは３つの要素があるということを理解しておいてください。

○ビジネスモデルを考える必要性

ビジネスとして成り立つ事業か

なぜ、ビジネスモデルを考える必要があるのでしょうか。

ビジネスモデルは、みなさんがこれから始める事業が、本当にビジネスとして成り立つのかを事前に整理しておくために必要なものです。

起業したいという方は、それぞれに「想い」があり、それを成し遂げるために事業を始められると思いますが、その「想い」ばかりが強すぎて本当にビジネスとして成り立つかをあまり考えずに起業してしまい、苦しんでしまうことが少なくありません。

「想い」は、事業の根幹であり、一番大切なものです。

しかし、その「想い」を達成するために、事業という手段を選ぶのですから、きっちりとお客様も喜び、自社も利益が出る儲けの仕組みをつくっておかなければならないのです。

ビジネスモデルに関する本を読んでみると、数々の大企業のスケールが大きく、革新的なビジネスモデルが紹介されています。このような本を読むと、経営資源が乏しく、従来からの儲けの仕組みで事業を始めざるを得ない起業家に本当に必要なのかと思われるかもしれませんが、筆者は必要と思っています。

ビジネスモデルは、世の中にない新たな儲けの仕組みをつくるためだけにあるのではありません。自分の事業をキチンと定義するためにも、誰もがつくるべきものなのです。

その事業での経験があっても必要？

今まで何年も修行してきた業種で独立するのだから、儲けの仕組みくらいわかっていると思う方がいるかもしれませんが、以前の経験や勤務先とこれから事業を始めるみなさんの会社を比べてみてください。

会社の信用、経営資源（ヒト、モノ、カネ、情報）、顧客、立地などを考えてみて、同じものはほとんどないと思います。すべて同じ環境で事業を行うことはあり得ないのですから、自分の事業のビジネスモデルというものをつくることは、やはり必要なのです。

○ビジネスモデルの図をつくる

ビジネスモデルは、考えるだけでなく図に落とし込むと全体像がつかみやすくなります。図のフォーマットがこの章の最後にありますので、みなさんも始めようとしている事業のビジネスモデルを図に書いてみましょう。書きづらければ、書くものはノートでも何でも結構です。なかなか、最初から思ったものが書けないかと思いますが、ドンドン書き直して自分の事業を図だけで説明できるくらいつくり込んでいってください。

つくり込んでいく過程で、後から見ていくビジネスモデルの3要素も加味していくと、より完成度が高まります。

図でつくるときに考える要素

ビジネスモデルを図にするときには、最初に商流、物流、金流を考えて、それを線で繋いでいくようなイメージを持つと書きやすくなります。

すべてを書くと図が見にくくなる場合には、商流を矢印で結び、そのほかの流れは、文章にするといいでしょう。

ビジネスモデルの図は、創業計画書に組み込みます。また、融資を受ける場合には、融資担当者に事業を理解してもらうために、申込書類の付属資料として提出することもあります。

最初は、自分が儲けの仕組みをどのようにするかを整理できればいいですが、最終的には、他の人が見ても一目でわかるくらいシンプルなものにすることを心がけてください。

① 商流

商品は、売買などの取引を繰り返すことによって消費者の手に渡りますが、その取引の流れを商流といいます。

② 物流

商品が消費者に届くまでに、誰にどうやって運ばれるか、その物の流れを物流といいます。

③ 金流

お金の受取りや支払の流れを金流といいます。

ビジネスモデルを図にすると…

店舗での料理の提供を中心とした食を取り扱う会社を想定したビジネスモデルを図表７に書いてみましたので、参考にしてください。

【図表７　店舗経営と加工品の通販を行う飲食業のビジネスモデル例】

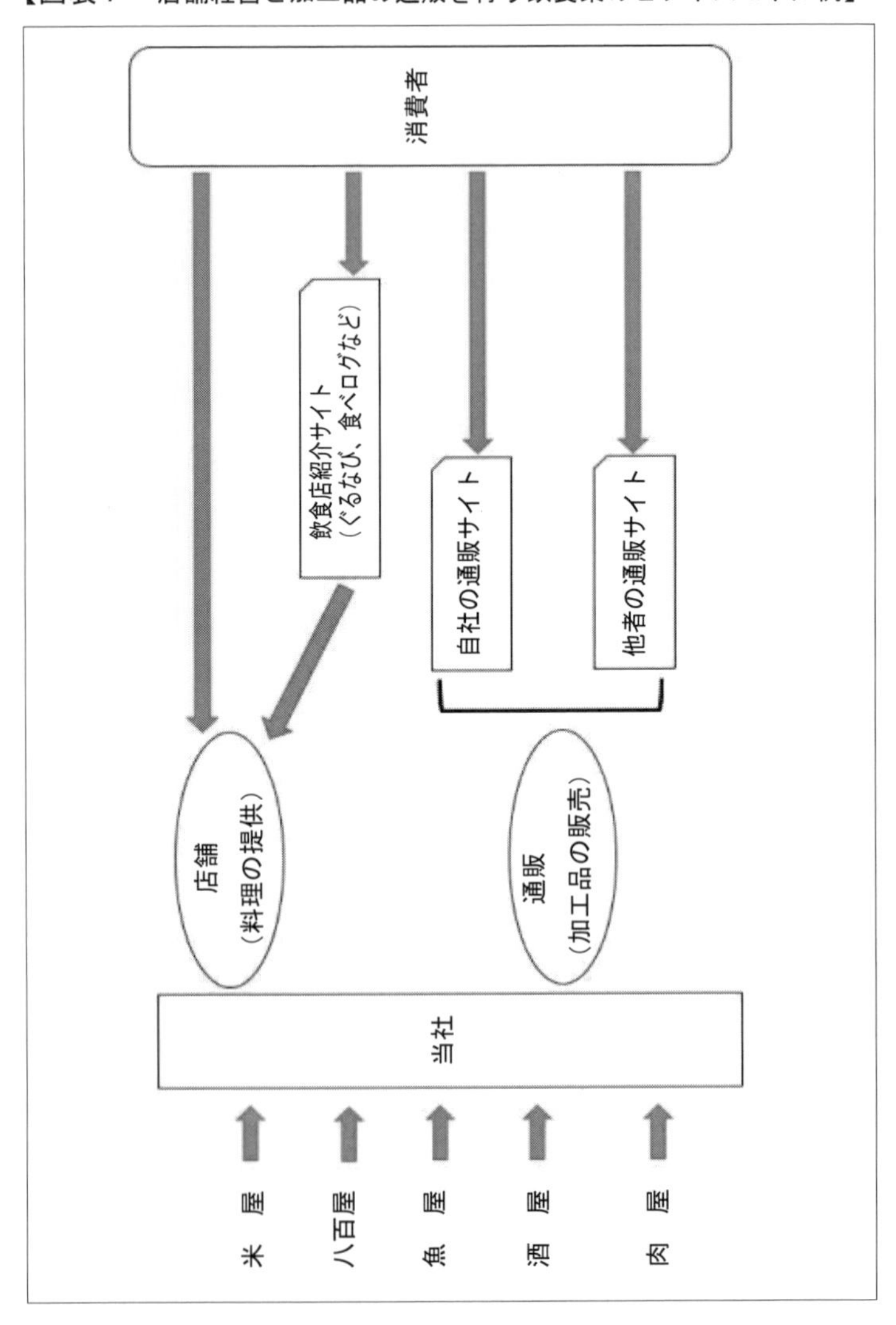

2　誰をターゲットとするか

ビジネスモデルは、「誰に」、「何を」、「どのように」提供するかを積み上げてつくっていきます。以降、この３つの要素がどのようなものかを解説していきます。

○ターゲットを考える

ターゲットが決まらないと提供する価値も決まらない

提供したい商品・サービス（価値）の大枠が、ある程度決まっていても、誰に対して価値を提供するかという「相手」がわからなければ、具体的にどのような価値を提供するか決定することができません。

キチンとしたビジネスモデルをつくって事業を始めるのであれば、ターゲットを決めないと先に進めないのです。

ターゲットはできるだけ絞り込む

事業の対象となるターゲットは、できるだけ絞り込むようにしましょう。ターゲットが限定されればされるほど、提供すべき商品・サービスを明確にすることができるからです。

そうは言っても、「うちはお客様を選びません。すべての人がお客様です」と考えたいと思う方もいるかもしれません。最初は、特にできるだけ受け入れる裾野は広くして、売上を確保したいという気持ちは痛いほどわかります。

しかし、経営資源が限られている中小零細企業、特に事業を始めたばかりの会社が、ターゲットを絞らないで何の特徴もない事業を始めたら、その事業で成功する可能性はかなり低くなってしまいます。

儲けの仕組みを考える観点からだけでなく、生き残るためにもターゲットの絞り込みは必要なのです。

ターゲットの絞り込みは独自の強みをつくり上げる

ターゲットを絞るということは、非常に怖いことですが、事業のベクトルをある特定の層に集中することになりますから、「想い」から商品・サービスの提供までに一貫性を持たせやすくなり、他にはない独自の強みをつくり上げることができます。

そして、その独自の強みが求心力となって、当初のターゲット以外の人たちをも取り込むことができるようになれば、売上は自然に大きくなっていきます。

なお、ターゲットを絞ることについて、これと決めた特定の顧客層からしか仕事を受けることができないなど、あまり堅苦しく考える必要はありません。

自社の商品・サービスの提供を受けたい層は、1つとは限りませんから、ターゲットは複数であってもかまいません。自社の事業ストーリーに合致して、顧客となりそうな層をターゲットとして探せばよいのです。

ただ、前述しましたが、ターゲットは、あまり広げすぎないように気をつけてください。ターゲットを絞りきれずに一般の人すべてを対象としてしまうと、手軽さや安さなどを売りにしなければならないことが多く、価格競争に巻き込まれてしまう可能性が高くなるからです。

そうすると、経営資源の少ない新規参入企業は、非常に厳しい戦いをしなければならなくなります。

○顧客は順序立てて絞り込もう

顧客の属性で分類する

いきなりターゲットとする顧客を決めようと言われても、漠然としすぎていてどのようにイメージしていいのか、頭に思い浮かばないかもしれません。

そこで、まず、一番ポピュラーでわかりやすい「顧客を属性ごとに分類する」という方法をおすすめします。

どういうものかというと、「世田谷に住む30代の既婚男性」など、性別、年代、地域、家族構成などの属性を組み合わせてターゲットを想定する方法です。

【図表８　顧客属性の例】

属性	分類基準
性　別	男性か女性か
年　代	年齢層
職　業	事務職か、体力仕事か、専業主婦か、定年後かなど
所　得	年収はいくらか、可処分所得はいくらかなど
家　族	独身か、既婚か、子供がいる世帯かなど
嗜　好	どのようなものに興味があるか
行　動	週に何回外食するか、休日はどのように過ごすかなど
地　域	どこに住んでいるか、どこで勤務しているかなど

顧客属性には、図表8のようなものがありますので、みなさんも始めようとする事業で顧客となりそうな（なってほしい）人をイメージしてみてください。

ストーリーで顧客を絞り込む

顧客属性で、顧客をイメージして漠然とターゲットを考えるだけでは、みなさんにとって「本当のお客様」となる顧客をイメージすることは難しいかもしれません。

みなさんが、何をこの事業で成し遂げたいのかという「想い」から、実際に顧客に対してどのような商品・サービスを提供できるのかまで事業全体を見渡しながら、このようなお客様に価値を提供したいという人物像を考えていき、顧客を絞り込んでみましょう。

○いくつかの切り口で顧客を考える

自分のお客様になってほしいという視点に加えて、別の切り口から顧客をイメージしていくと、より事業に合った顧客像を見つけることができます。事業全体の一貫性を大切にしながら、いろいろな切り口で顧客イメージをより細分化してみましょう。

顧客のニーズから考える

商品・サービスは、お客様のニーズを満たすときに購入されます。そのニーズを掘り下げていって客を絞り込んでいくのです。

例えば、「契約農家でつくられた有機野菜を家庭に届けることを通して、健康的な食生活を応援したい」という企業を考えてみます。

そして、この企業の顧客属性での顧客のイメージは、「子供がいる30代の既婚女性」ということにします。

顧客の一番のニーズは、「子供に安心できる食材を食べさせたい」と考えられますが、もう少し掘り下げてみると、図表９のケースのようなニーズもあるのではないかと推測できます。

そうすると、より具体的な顧客像でターゲットを決めることができるようになります。

キーとなるターゲットを考える

今度は、「子供がいても気兼ねなく食事ができる場所を提供することで、家族連れに楽しい時間を提供したい」という企業を考えてみます。そして、この企業の顧客属性での顧客イメージは、「地

【図表９　顧客ニーズの掘下げ】

一番のニーズ：子供に安心できる食材を食べさせたい。

【ケース１】

・掘り下げたニーズ

料理があまり得意ではないので作り方を知りたい。

・ニーズという切り口で考えた顧客像（ターゲット）

子供に安心できる食材を食べさせたいが、料理が得意でない３０代の働く既婚女性

・顧客像を意識した商品（仮）

入っているものだけでカレーや筑前煮が作れてしまう
有機野菜食材セット（レシピ入り）

【ケース２】

・掘り下げたニーズ

働いていてあまり時間がないので、料理の時間を短くしたい。

・ニーズという切り口で考えた顧客像（ターゲット）

子供に安心できる食材を食べさせたいが、料理する時間が多く確保できない３０代の働く既婚女性

・顧客像を意識した商品（仮）

様々な切り方でカットされた有機野菜の真空パック詰め

元に住んでいる小さい子供がいる30代の夫婦」とします。

このような飲食店の場合、小さな子供を連れて入ることができる飲食店を探している夫婦というニーズに着目してターゲット絞るのもアリですが、別の観点からも考えることができます。

例えば、大きな枠組みで家族を対象とするのであれば、子供をターゲットとすることも1つの考えです。

子供が外食をするときは、ほぼ親と一緒に飲食店に行きますから、子供があの店に行きたいと親にせがんで店を選んでもらえると、子供とその家族も芋づる式に顧客になってくれます。

このように、１人に選ばれれば、その周辺の人たちも顧客としてくれるキーとなる人をターゲットとして考えるのも1つの方法です。

3　何を提供するか

この項では、顧客に対してどのような価値を提供するかを検討していきます。

テクニカルな話もありますが、その価値がみなさんの「想い」から派生ものでなければ事業をやる意味がありません。「想い」から商品・サービスという価値まで、筋の通った一貫性があることがとても重要です。

このことを念頭に読み進めていただければと思います。

【図表10　独自性を見つける】

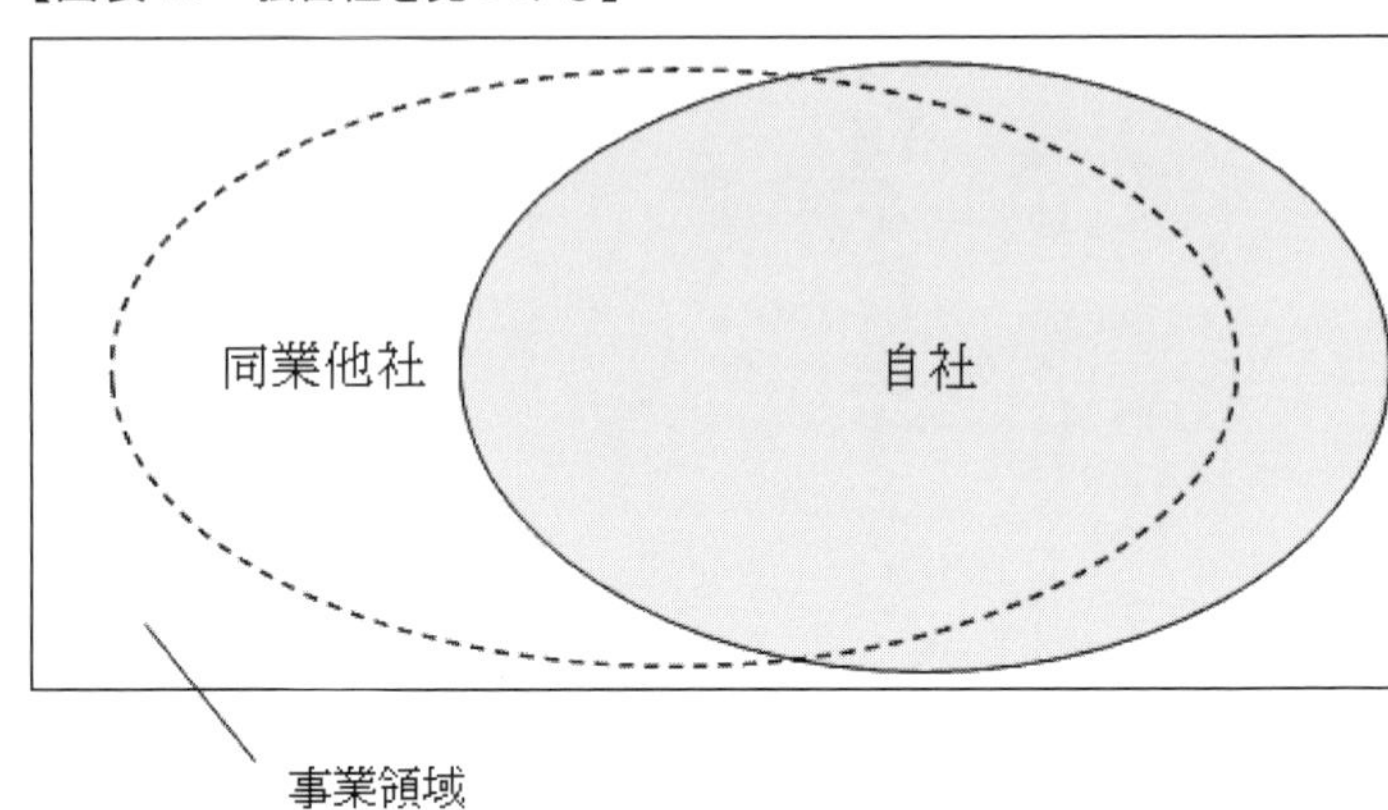

○いかに独自性を出すか

独自性が大事！

みなさんの事業でも複数の商品・サービスを用意されると思いますが、ターゲットを決めたときと同様に、すべての商品を漠然と売ろうとしてもモノ・サービスに溢れている現代では、なかなか顧客の目には止まりません。また、ありふれたものを提供しても、既にある商品・サービスとの価格競争に巻き込まれる可能性が高く、経営資源に乏しい会社は、すぐに淘汰されてしまいます。

起業したばかりの会社が生き残るには、商品・サービスに他にはない、もしくはマネができない独自性を持たせることが非常に重要なのです。

目玉になるような「こだわり」や「個性」のある独自性を持った主力商品があると、それだけで顧客に認知されやすくなりますし、価格も既存のモノと比較しづらいので、価格競争にも巻き込まれにくくなるからです。

【図表 11　商品・サービスにストーリーを持たせる】

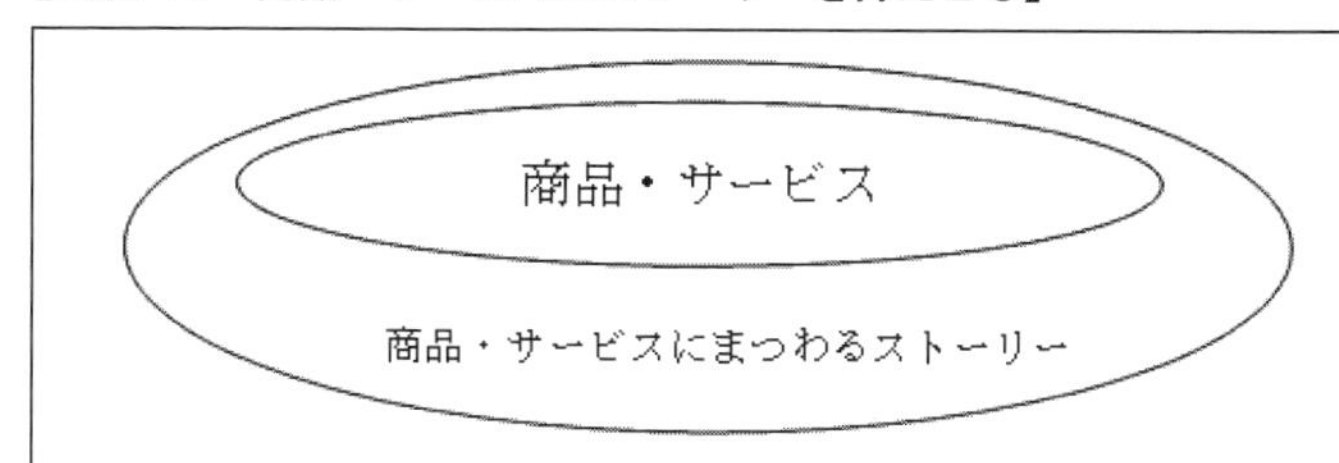

1．顧客に提供する価値の厚みが増す。

2．独自のものなのでマネができない（されづらい）

3．感情移入しやすいのでファンができやすい

独自性が見つからないとき

何を独自性としていいか思いつかない場合には、同業で好調な会社を徹底的に研究すると突破口となるかもしれません（図表10）。

うまくいっているということは、その会社が提供しているモノは、市場で支持されているはずですから、商品・サービスの方向性としては間違っていないはずです。

その会社が提供しきれていない価値を考えれば独自性を考えやすくなり、顧客からの指示も受けやすくなる可能性が高いと考えられます。

ゆくゆくは、自社ならではの強烈な独自性で差別化を図るのがベストですが、まずは少しでも独自性を出せるように頑張りましょう。

ストーリーを持たせる

また、その商品・サービスにストーリーを持たせることも独自性をつくり出す手段の1つです（図表11参照）。

みなさんが商品・サービスを提供するまでには、「想い」から始まる色々なストーリーがあるはずです。そのストーリーをプラスαの価値として商品・サービスを提供するのです。

まさに、みなさんにしかない個性を発信することになりますから、他にはマネができない独自の〝売り〟になることは間違いありません。商品・サービスに感情移入しやすくなりますから、支持を得られれば熱烈なファンもつきやすく、事業の安定化にもつながります。

食材、住宅などB to Cの事業でよく見られますが、B to Bの事業を行う会社でも有効です。

○商品・サービスの組合せ方

事業は、主力商品1つだけでは成り立ちません。主力商品と周りの組合せをどのように考えるかも大切になってきます。

フロントエンドとバックエンド

組合せには、フロントエンドとバックエンドという考え方があります。

フロントエンドとは、顧客を呼び寄せる商品です。

また、バックエンドとは、フロントエンドの商品を買ってもらった後に買ってもらいたい、本当に売りたい、利益を確保するための商品です。

主力商品をどちらに置くか

このフロントエンド、バックエンドという組合せは、いろいろな業種で採用されていますが、業種により使い方が異なります。

①　主力商品をフロントエンドとする

目玉である主力商品を集客用商品と位置づけ、その周辺商品をバックエンドとする方法で、商品単価が低い業種で採用されることが多い方法です。

フロントエンドを中心に横の広がりで利益を得るというイメージです。

例えば、スーパーのチラシで、「トイレットペーパー○○円、お１人様○個まで！」というのがよくあります。これは、トイレットペーパーがフロントエンドとなり、そのほかの商品がバックエンドとなっているのです。トイレットペーパーを買いに来てもらって、それ以外の食品などを買ってもらい利益を確保するというわけですね。

他にも、マクドナルドは、１００円マックという低価格のハンバーガーで集客して、利益率が高いポテトやジュースで利益を得ているといわれています。

②　主力商品をバックエンドとする

価格の低い商品で集客を行い、主力商品をバックエンドとする方法で、士業やコンサルタントが使うことが多い方法です。

主力商品が高額のため、いきなり商品購入につながりにくい業種や、顧客からの信用がなければ主力商品を購入してもらうことが難しい業種にこの組合せが使われます。

例えば、士業やコンサルタントは、バックエンドである顧問契約やコンサルタント契約を締結するために、セミナー、書籍、個別相談などをフロントエンドとすることがあります。

4　どのように提供するか

ビジネスモデルを構成する3要素の最後は、どのように提供するかです。

これまで見てきた「ターゲットとする顧客」に、「独自性のある商品」をどのように提供するかまで考えなければ、ビジネスモデルは完結しません。

いくら顧客に対して魅力的な商品を用意しても、その商品を顧客に魅力的なモノであると認識してもらわなければ、結局、購入には至らないからです。

この項では、顧客に価値を伝える要素として、「商品のネーミング」、「価格の決定」を考えます。

○商品のネーミング

商品名の影響は大きい

顧客が商品を購入するとき、商品名は、大きな影響を与えます。

顧客に「自分にとって必要な商品なのか」、「困ったことを解決してくれる商品なのか」を判断することができる商品でないと、手に取ってもらえません。その入口が商品のネーミングです。様々な商品が溢れている現代では、提供する商品に類似商品があることが多いことので、それらの中に埋もれないように、顧客へ特徴をアピールさせないといけないのです。

中小零細企業は、もし、世の中にない画期的な商品を提供できたとしても、大企業のように報道陣が多く集まる商品発表会や大規模な広告など、いろいろな媒体を使って一気に多くの人たちにメッセージを伝えることは、なかなかできません。

やはり、商品名で新たな価値に気づいてもらうのが一番なのです。

わかりやすく差別化できるものを

まず、商品を知らない人にその価値を知ってもらうことが必要。ですから、ひと目で商品の特徴をイメージできるような、「わかりやすく」、「覚えやすい」商品名にすることが重要です。

加えて、今まであった類似商品よりも、自社の商品のほうが魅力的であるということを伝えるエッセンスが入っていると、より他との差別化が図れます。

ネーミングで成功した例

ネーミングを変えることにより成功した商品で有名なのは、「通勤快足」です。

この靴下は、給水速乾や消臭などの機能を備えた「サラリーマンを応援する靴下」として、もと

【図表12　ネーミング変更の成功例】

現在の商品名	変更前	商品内容
鼻セレブ	モイスチャーティッシュ	高機能保湿ティッシュ
おーいお茶	煎茶	緑茶
おはようポテト	ゴールデンパティ	ハッシュポテト

もとは「フレッシュスタイル」という商品名で売り出されました。

販売当初こそ、売上が3億円ほどありましたが、その後は下降線を辿ることに……。そこで、商品名を「通勤快足」と変えたところ、45億円のヒット商品となったのです。

ターゲットは、サラリーマンとわかりやすく、また、「快足」という言葉で給水速乾や消臭などの快適性を表現できたのがヒットの要因でしょう。

他にもネーミング変更の成功例として、図表12のようなものがあります。

なお、わかりやすいネーミングで定評があるのが、「熱さまシート」「アイボン」や「のどぬーる」を発売している小林製薬です。他にもわかりやすいネーミングの商品があるので、一度HPを見てみるのもいいかもしれません。

商品名にアンテナを張っていると、優れたネーミングがいろいろなところにあることに気づけるようになるでしょう。

○価格を決める

価格の設定を間違うと、どんなに緻密に事業の計画をしても、目標を達成することはとても厳しくなります。価格を決定するというのは、文字通り数字に直接影響を与える、とても大切な意思決定なのです。

いきなり金額を決めるのは難しいと思うので、まず、図表13の３つの要素を参考に、目安となる価格を考えてみましょう。

(1)　顧客が考える価格

商品が顧客の「困ったこと」を解決することにより、いくらなら納得して払ってくれるのかを考えて価格を決定する方法です。顧客の目線になって、「この値段なら買おう」という金額を考えてみるのです。

(2)　自社のコストから算出する価格

自社が商品を提供するために要するコストをカバーできる金額を価格と決定する方法です。コストには、商品の仕入や製造にかかる費用だけでなく、間接部門の人件費、運賃、広告費など、商品を提供するために必要な、すべてのコストを含めて考える必要があります。

(3)　類似品の価格

既に市場に出ている類似品を参考に価格を決定する方法です。

【図表13　価格の目安を決める３要素】

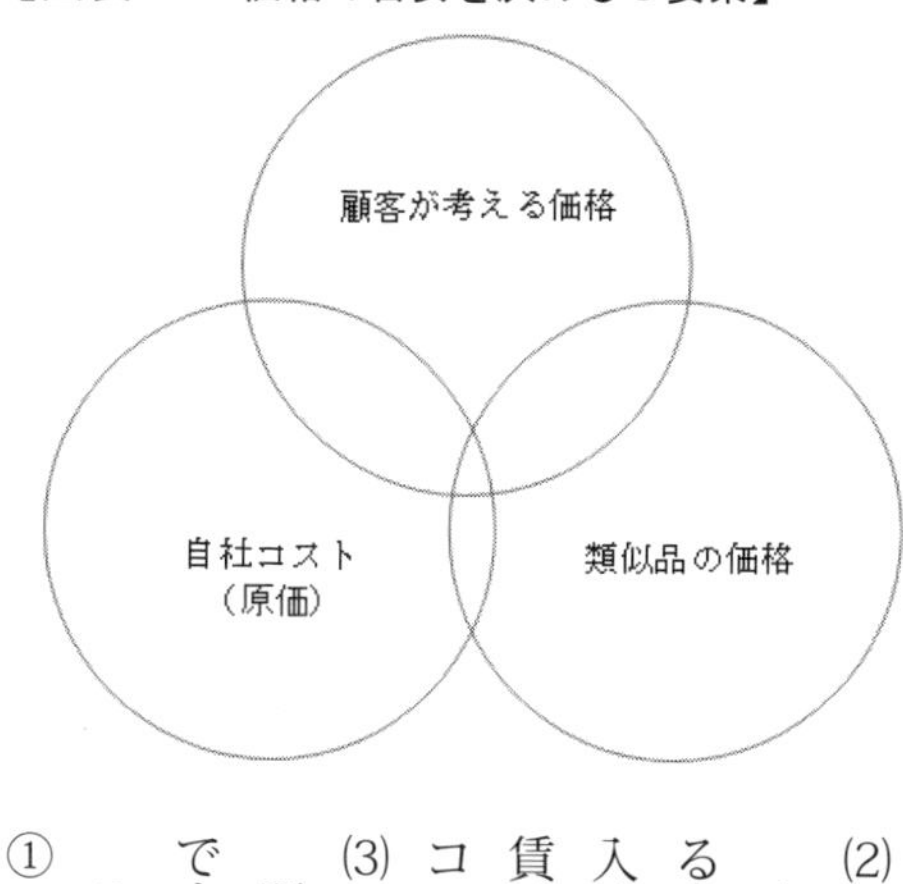

これは、次の３つの方法に細分化することができます。

①　市場で一般的とされている価格帯を外さないように価

格を決める方法

② 業界を先導して価格を決めるようなシェアの高い企業がある場合には、その企業の価格に追随する形で価格を決める方法

③ 業界内で昔からの慣習とされているような価格がある業種であれば、その価格を当社の価格とする方法

3つの価格のバランスが大事

価格を決めるには、目安となる3つの要素で決めた価格のバランスを調整して決めるのがよいでしょう。

理想としては、⑴顧客が考える価格が上限で、⑵自社のコストが下限となり、その間に⑶時類似品の価格があるような状況です。

この形で価格を検討できれば、どの金額であれば顧客は納得してくれるかの最大値だけを考えればいいからです。

反対に、⑴顧客が考える価格が⑵自社のコストより低いときは、提供する価値を見直すか、コストダウンをするなど、事業自体の再検討が必要となってきます。

最後にご自身でみなさんの事業のビジネスモデルを整理してみてください。

【図表 14　ビジネスモデルを組み立てるための３要素】

【ビジネスモデルを組み立てるための３要素】

〈誰に（Who）〉

〈何を（What）〉

〈どのように（How）〉

【図表 15　ビジネスモデルの図】

<table>
<tr><td>【ビジネスモデルの図】

</td></tr>
<tr><td>（商流）

（物流）

（金流）

</td></tr>
</table>

第3章

仕組みをつくって事業を始めよう！【事業の仕組み化】

1　「想い」が達成できる仕組みをつくろう

第2章では、ビジネスモデルを通して「事業で利益を生み出すための儲けの仕組み」を考えてきました。ビジネスモデルは、事業全体の枠組みを仕組みとして整理するフレームワークでしたが、この章では、価値をつくり出すための社内の仕事の流れを、どのようにして仕組みに落とし込むかを見ていきます。

○仕組みは事業を円滑に進めるためのもの

業務の仕組みづくりが先

ビジネスモデルが明確になって、さあ何をする？　となったときに、いきなり現場仕事に移ってはいけません。何とかなると、段取りが未整備の状態で業務を始めても、トラブルやミスが発生するのは目に見えており、絶対に何とかならないからです。

キチンと作業を整理して、どのようにすれば効率的に価値をつくり出せるかを考えるようにしましょう。

効率よく価値を提供するには、仕組みづくりが欠かせません。

価値を提供するために必要な業務を洗い出してその流れを図表16のように仕組み化すると、仕事

【図表16　仕組み化のイメージ】

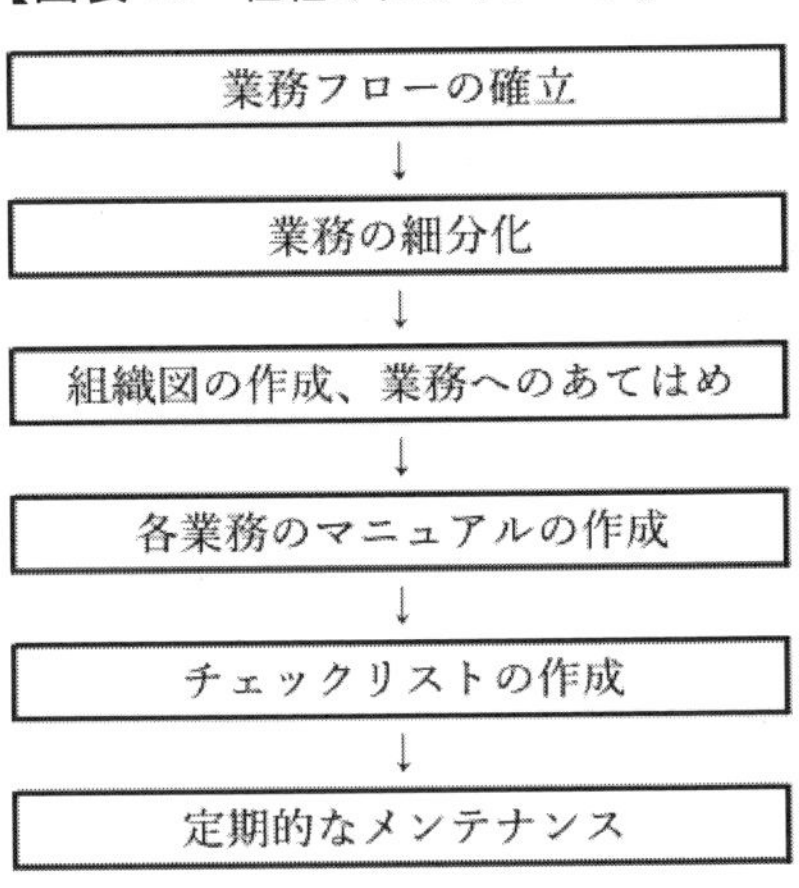

が属人化することを防げますし、あらかじめ不要な手間をカットすることができますから、初めから効率的な事業の運営が可能となります。

限られた人材、時間の中で最高の価値をつくり出すためには、業務を仕組み化することが必須なのです。

仕組み化は、特にルーチンワークにおいてその威力を発揮します。また、創造的な作業が中心の事業でも、ムダを省くことで自由な発想に費やす時間を十分確保することができますから、ルーチンワークをどんどん仕組み化していきましょう。

経営者が現場の仕事に追われるのはよくない

事業を始めてしばらくは、みなさんが現場で大車輪の活躍をして事業を軌道に乗せることは避けられないかもしれませんし、大いにやっていただいて結構だと思います。

しかし、経営者であるみなさんがいつまでも現場の仕事にどっぷり浸かっていれば、その事業はすぐに「みなさんが日頃の業務に追われている状態」で頭打ちになり、それ以上の成長はないでしょう。

一定の時期からは、事業の方向性を決めたり、新たな価値をつくり出すなど、経営者としての仕事に割ける時間を少しずつ確保できるように調整することが大切です。

そのためには、現場の仕事の一部を手放すことになりますが、その道のプロであるみなさんが体で覚えてこなしてきた業務を、ＯＪＴだけで他の社員に引き継ぐことは難しいです。仕組みとして形をつくった上で、他の人に任せるという作業がどうしても必要になります。

経営者としての時間をつくるためにも、仕組みづくりは、常に意識しておくべき大切なことなのです。

社員が増えてきたときのために

また、事業の規模が小さいうちは、どこで何が起こっているかを把握することができますが、社員が多くなってくると、目が行き届かないところが出てきます。

すると、「社員が思いどおりに動いてくれない」、「見えないところでのトラブルが発生する」といったリスクが出てきますから、これらを防ぐためにも業務の仕組み化は有効なのです。

○仕組みをつくるときに心がけること

誰に任せても業務が行えるものにする

仕組みづくりで重要なのは、やるべき業務の内容が具体化されていて、かつ、再現性が保たれていることです。

例えば、料理のレシピを考えてみてください。

たまたまつくったものでおいしいものができたとしても、記憶をたどるだけでは、なかなか同じようにおいしいものをつくることはできません。どの食材を何gずつ使ったのか、何分ゆでるのか、どのくらい焼くのか、調味料の加減はどのくらいなのかが書いてあるレシピがあるからこそ、何度もおいしい料理をつくることができるのです。

みなさんがつくる仕組みも、料理のレシピのように、誰が何回やっても同じ結果が出せるように具体化されたものにしましょう。

仕組みありきで考える

誰か人がいて、その人に何か作業を依頼するのではなく、まず、業務が仕組み化されていて、そこに人を配置するという意識を持って業務の組立てを考えてください。

有能な社員にいろいろな業務が集中するのはよくあることですが、何も仕組み化していないと、その社員が辞めるとき、辞めなくとも病気やケガで長期間休んだときに必ず混乱が生じます。なぜなら、その社員がやっていたことは、その社員の頭の中にあって他の誰も把握できていないからです。

マンパワーに頼るのではなく、あくまで仕組みの中にある業務に人を割り当てるという形で考えるようにしましょう。そうすれば、万が一、欠員が出た場合でもお客様には、変わらず価値を提供することができます。

できる社員はいらないというのではありません。その人に多くの仕事をしてもらいたいのであれば、仕組みの中の業務を多く割り当てて、その分評価で報われるような形にすればいいのです。

全体を俯瞰して仕組みをつくっていく

みなさんが、様々な業務を仕組みに落とし込むときには、それぞれの工程が最適となるように考えていくと思います。

ここで注意が必要なのは、個々の業務を見たときに最適と思える仕組み（部分最適）が必ずしも会社全体の業務の流れを俯瞰したときに最適な仕組み（全体最適）につながるわけではないということです。

例えば、購買部、製造部、営業部が、それぞれの部署の中で工程を最適となる仕組みを構築したとしても、各工程は価値をつくり出すための一連の流れを構成していますから、営業部では最適であることが製造部ではそうでないこと（例えば、販売価格や値引きの範囲の決め方や受注、発注の方法）などはよくあります。

個々の最適だけを見るのではなく、常に会社全体を俯瞰して、業務の流れが全体最適になるかどうかを意識して、仕組みをつくっていきましょう。

2　業務の流れを把握する

○業務フローを確立する

まず、全体の流れを整理しよう

仕組み化の第一歩は、価値を提供するために必要な業務フローを並べて整理することです。

個々の細かいところから見ていくと、やるべき業務の認識に漏れが出てくる可能性があります。漏れがあると、いざ作業をするときにやることがどんどん湧いてきて、現場が混乱してしまいます。また、ほぼ確実に作業のやり忘れが発生してしまいます。

これらを防ぐためには、全体の大きな流れからブレイクダウンしていくイメージで、漏れなく業務を並べられるようにすることが必要となります。常に網羅性を意識して整理することを心掛けましょう。

バリューチェーンを使って業務を整理する

バリューチェーンとは、マイケル・Ｅ・ポーターが提唱した理論で、原材料の調達から商品・価値が顧客に届くまでの流れに沿って、事業活動を業務ごとに分類して図に表すものです。

【図表17　バリューチェーンの例：製造業の場合】

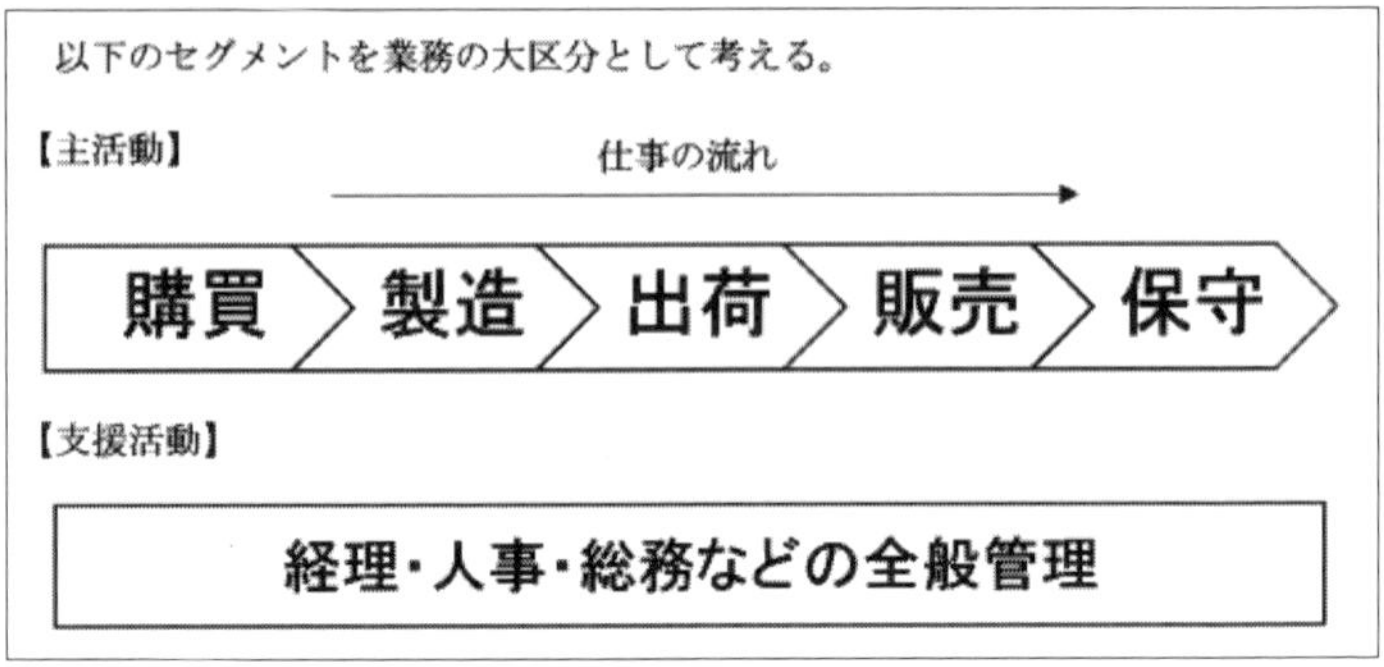

以下のセグメントを業務の大区分として考える。

【主活動】

仕事の流れ →

購買 ＞ 製造 ＞ 出荷 ＞ 販売 ＞ 保守

【支援活動】

経理・人事・総務などの全般管理

主に経営戦略を策定するときの分析に使用されるものですが、業務の流れを整理する観点でも使える便利なフレームワークです。

この考え方を使うと、事業の業務フローの大枠がとらえられます。その大枠を分解していくことにより、漏れなく業務の細分化ができるようになります。

バリューチェーンを具体的に見てみる

例えば、バリューチェーンで製造業を営む会社の事業活動を表すと、図表17のようになります（業務フローの確立が目的のため、簡易な図としました）。

【主活動】では、材料の購買から製造、販売までお客様に価値を提供するまでの流れを表しています。事業活動は、製品の提供だけではなく、主活動を支援（補佐）する形で事務関係（総務・人事・経理）の処理も行いますから、それらは【支援活動】として認識します。

このように図解化すると、全体を俯瞰して社内の業務の流れ

【図表18　業務分類の分解】

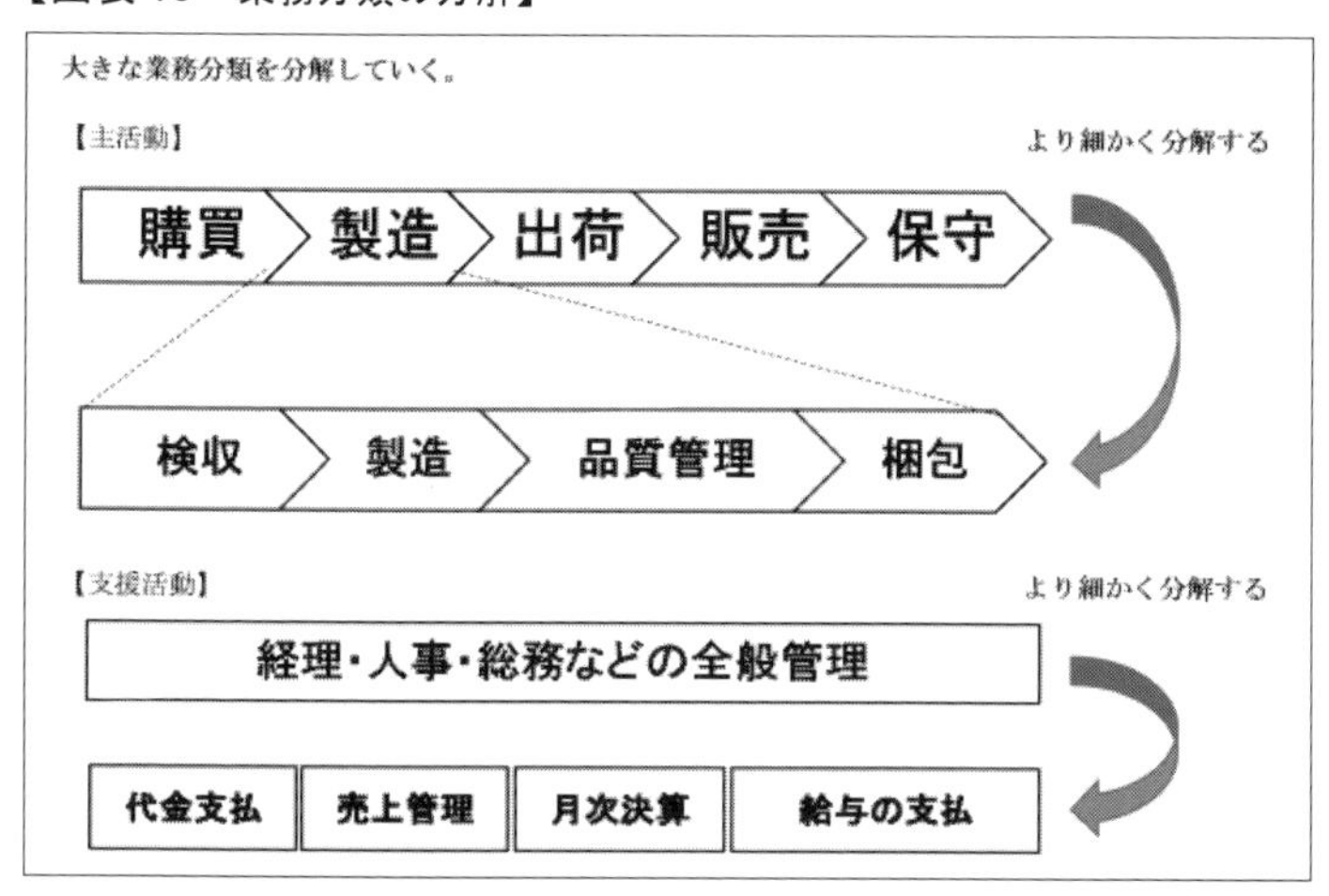

が認識できることがおわかりいただけるのではないでしょうか。

みなさんの事業も、このように【主活動】、【支援活動】に分けて社内で行われる事業の全体像を図にしてみてください。

○業務を細分化する

より細かく分解して業務の棚卸をする

バリューチェーンを使って業務の全体像が把握できたら、今度は、図表18のようにさらに業務を分解して1つひとつのルーチンワークが浮かび上がらせましょう。

図表18は、最初に並べた大きなくくりの業務をさらに細分化していく作業のイメージです。図表17の1つの業務分類（製造）を「検収→製造→品質管理→梱包」に分解しています。

一度分解してもまだ複数の業務が含まれている場

合には、同じ考えで「検収」など一度分解した業務を1つの業務となるまでさらに分解していきます。

最終的には、みんなで共有できるように見やすい形にしたほうがいいですが、初めから図表18のようにきれいに体裁を整えて考える必要はありません。

鉛筆で線や矢印をつないで書いてみるのでもいいですから、事業の全体の流れを書き出してみてください。

なお、この後のページでは、細分化した業務をマニュアルやチェックリストを使って具体的に実務でどう仕組みとして回していくかを検討していきます。

この段階で業務の流れは確定させなければいけませんから、ただ書き出すだけでなく、効率的な段取りを考えながら業務の流れを図に落とし込むことを心がけてください。

ここで業務の流れを確定し、各工程を単一の業務が出てくるまで分解できたら、業務の棚卸は終了です。

組織図をつくって責任者を明確にする

業務の棚卸が終わったら、組織図をつくってみましょう。

「組織図をつくるといっても1人しかいないからいらない」と思ってはいけません。

思い出してください。仕事は、人に割り振るのではなく、仕組みの中にある業務に人を割り当てるという意識が大事です。

【図表19　組織図例】

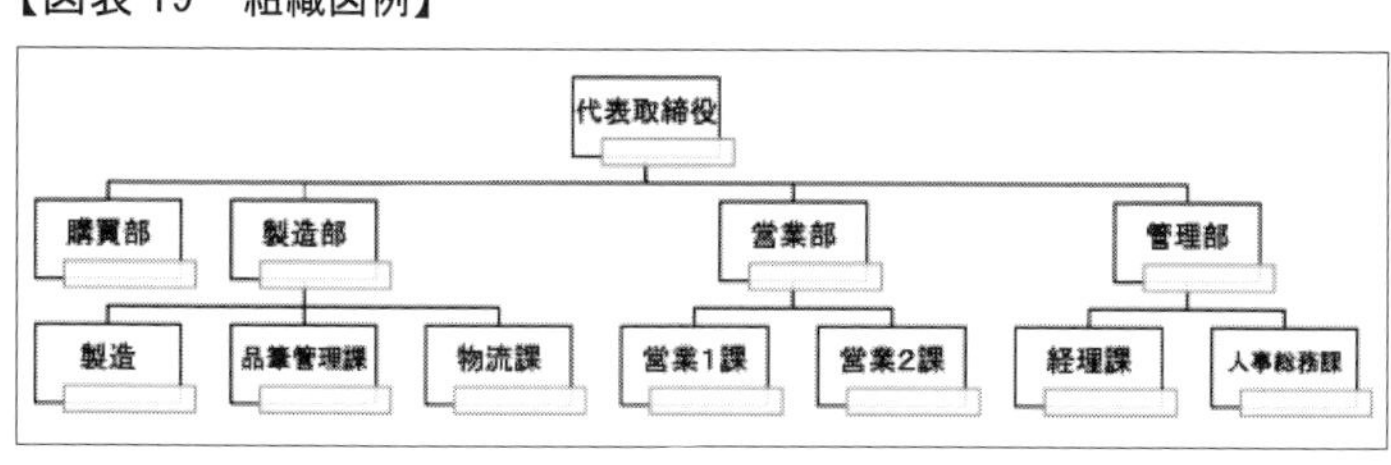

仕組みありきで考えれば、1人だから組織図はいらないという考えにはならないのです。

バリューチェーンをもとに分解してつくった業務フローを俯瞰して、「どのような職種が必要か」、「責任者をどこに配置すべきか」を考えて、次のように組織図の構成を考えます。

組織には、職能別組織、事業部制組織など色々な形態がありますが、ここでは職能別組織に準じた組織図で考えていきます（図表19参照）。

組織図をつくったら、次はそれぞれの部署の責任者の欄に現在の担当している人の名前を入れましょう。事業を始めたばかりのときは、すべての部課長が経営者であるみなさんの名前で埋まることもあるかもしれませんが、そのまま記入して構いません。

このように組織図をつくっておくと、将来社員を雇ったときに組織図内の名前を書き替えるだけで、その社員の作業内容と責任が明確になりますから、スムーズに組織を動かすことができます。

ただ、1人の社員に複数の責任者を兼務する癖がついて、それぞれの部署に独立した責任者を置くべき状況にもかかわらず、兼務を解かないケースを見ることがありますが注意が必要です。

許容量以上の責任を課すと仕組みが機能しなくなり、必ずどこかで問題が発生します。人が少なくやむを得ない場合でも、仕組みを再構築するなどの措置を講じるようにしましょう。

3　マニュアル・チェックリストをつくろう

○行動に結びつくマニュアル・チェックリストのつくり方

マニュアル・チェックリストの作成

すべての業務を洗い出すことができたら、業務を仕組み化するための骨組みはできました。

次は、実際に仕組みで事業を運営するために、業務ごとのマニュアル・チェックリスト（以下、「マニュアル等」）を作成していきます。

マニュアル等を利用して仕事をするというと、仕事を任せる担当者は何も考えないで機械的に作業してしまうと思うかもしれませんが、そのようなことはありません。

何も考えないで作業してしまう人がいるとしたら、それは、マニュアル等の質が不十分なのか、「想い」を社員に伝えきれていない（「想い」を伝えて仕組みを運用することについては、後述します）ことが原因と考えられますから、それらを見直すべきなのです。

マニュアル等をつくるときも、人ではなく、仕組みを中心に考えていきましょう。

業務の質を上げることができる

作業をする際にマニュアル等があれば、担当者が作業ごとにどのような工程かを思い出そうとする時間をカットすることができますし、我流ではなく、適切な手順で作業を行うようになることから、ミスを減らすことができます。

加えて、新たなノウハウができたときにマニュアル等を改訂すれば、ノウハウの蓄積を共有化することができますので、社内全体の業務の質を底上げすることにもつながります。

できるところからでもつくっていく

棚卸された業務すべてについてマニュアル等を作成するのが理想ですが、そこまで手が回らないこともあるかもしれません。そのようなときは、できるところからでもマニュアル化していくという気持ちでつくってください。

ただし、闇雲にマニュアル等をつくればいいというものではありません。

「ミスをすると提供する商品・サービスの品質に大きく影響する業務」、「ミス・見落としが頻発している業務」、「日々行われる頻度が高い業務」など重要度の高い業務を優先するようにしましょう。

やりっ放しにしない

特にチェックリストは、担当者が使用した後、誰のチェックもなしにつくりっ放しにしておくと、重大なミスや漏れが出てくる可能性があります。人はどうしてもミスをしてしまうものと考えて、必ず、チェックリストをレビューする人を配置して、Wチェック機能が働く仕組みにしておきましょう。

○マニュアル作成のコツ

目的を明確にする

何のために業務を行っているかがわからなければ、作業は機械的になってしまいます。業務の目的（ゴール）がわかっていれば、マニュアルに書いていないイレギュラーなことが起こっても、少々のことなら対応できるはずです。

作業する担当者が、「その業務は何のために行うのか」ということを理解して作業するように、業務の目的は明確にしておきましょう。

作業に要する時間の目安を書く

業務の完了に要する時間の目安を書くことも大切です。目標の作業時間を定めなければ、手順を漫然とただこなすだけという状態になりかねません。

したがって、適切に手順を踏めばこのくらいで終わるはずという時間は、必ず記載するようにしましょう。

目的を達成するための手順を具体的に記載する

手順の記載が抽象的だと、マニュアルを読んでも作業に移ることができません。手順は、読み手がすぐに行動できるように、できるだけ「具体的」に記載するようにしましょう。

なお、単純作業から高度な作業まで様々な業務についてマニュアルをつくることになると思いますが、新入社員、ある程度経験のある社員などマニュアルの読み手を考えながら作成すると、「具体的」の度合い（作業の前提や専門用語の使用の有無など）が想像しやすくなります。

作業のコツを記載する

例えば、「初めて業務を行う人が間違いやすいこと」を記載しておくと、担当者は、そのことを意識して作業しますから、担当者が変わるごとに行っていたフォローが少なくなります。その他にも、作業のコツを書いておくと、最初から効率的に作業をすることができます。

ノウハウの共有により業務の効率が上がりますから、作業をするに当たってのコツや注意点も記載するようにしてください。

フォーマットをつくる

規程のように文章をつらつらと書いたマニュアルだと読みづらく、それだけで敬遠されてマニュアルが形骸化してしまう可能性があります。マニュアルは、活用されなければ意味がないので、読みやすくするためにも、また、マニュアル内のメリハリをつけるためにも統一したフォーマットをつくるといいでしょう（図表20参照）。

【図表 20　マニュアルの様式例】

業務名	

【業務の目的】	完了時間の目安

作業フロー	作業内容
①	
②	
③	
④	
⑤	
⑥	
⑦	
⑧	

〈作業のコツ・注意点〉

○チェックリスト作成のコツ

作業が実行されたことを確かめるもの

マニュアルは、業務の目的や手順が詳しく記載されている取扱説明書のようなものです。毎回全てを読んで作業を行うと、逆に時間がかかり非効率になってしまいますから、現場で見ながら作業するには、不向きであるといえます。

だからといって、何の確認もなく作業をすればいつか必ずミスや漏れが発生します。

そこで、マニュアルに記載してある手順どおりに作業を実行してもらうために、チェックリストというものが必要になってくるのです。

具体的な行動に結びつくもの

チェックリストは、担当者にマニュアルどおりの作業の実行を促すものですから、その項目には読んでどのような行動をとるべきかがわかるものを書かなくてはなりません。マニュアルと同様、抽象的な文言は避けましょう。

文章は簡潔に

現場で作業を行っているときに使用しますから、文章が長いチェックリストは、なかなか読んでもらえません。締切りが迫って焦っているなど、ミスが出やすい状況に限って、長い文章だと字面だけ追ってとりあえずチェックマークを入れるなど、実際の運用は形式的になってしまいがちです。

文章は、短く、ぱっと見て必要な情報が目に入るものがベストです。

項目を多くしすぎない1

項目は、A4の用紙1枚に収まる程度の数を目安にしましょう。

文章が長いのと同じで、項目が多すぎると、チェックリストを使用する担当者は、読まずにチェックマークを入れるなど、ほぼ確実に形式的に使用されるようになります。最悪、チェックリスト自体を使わなくなるかもしれません（忙しくて使うのを忘れてしまったなどの理由で）。

じっくり、机に向かって行う作業などであれば、A4・1枚にこだわらなくてもいいですが、それでも少ないに越したことはありません。とにかくシンプルにすることを心がけましょう。

項目を多くしすぎない2

チェックリストは、仕組みを実際の作業に落とし込むためのツールですから、マニュアルに記載した手順をそのままチェック項目とするのが一番です。

しかし、マニュアルの手順を全て書くと項目がA4・1枚では収まりきらなくなることもあると思います。そのようなときに項目を整理するには、次の2つの方法があります。これらは、筆者が行っている方法ですから、みなさんが独自の整理方法を考えるのもよいでしょう。

①　重要度の高い作業に絞り込む

手順のうち、ミスが起きやすかったり、見過ごされがちな作業に絞って項目をスリム化させる（削る）方法です。単純作業に向いています。

②　１つの業務内の作業をグルーピングする

どの作業もチェックリストから削れない場合には、業務内の作業をさらに細かいグループに分解して、そのグループごとにＡ４・１枚のチェックリストを作成するとよいでしょう。

バリューチェーンを使って業務を細分化したのと同じイメージで、Ａ４・１枚で収まりきらないチェックリストを細分化するといったイメージです。

チェックリストをつくる対象を広げる

今まで業務の手順に関するチェックリストだけ触れてきましたが、手順の他にも、例えば営業で外出するときの持ち物チェックリストなど、業務を行うときに必要となるモノをチェックするためのリストをつくると、より漏れなく、効率的になります。

チェックリストのフォーマット

チェックリストを使用する場面は、いろいろあります。

フォーマットを複数用意して、それぞれの場面に合わせて、作業する担当者が使いやすいものをつくってみましょう。

参考として、次のページにこれらのフォーマットを載せましたので、状況に応じてカスタマイズしながらみなさん独自のチェックリストを作成してください（図表21参照）。

(1) 箇条書き形式のもの

典型的なチェックリストのフォーマットです。

業務名、業務の目的と項目（個々の作業内容）は、基本的にマニュアルで作成したものを参考に記載しましょう。

なお、作業日付、作業者（作業時にチェックリストを使う人）およびレビューする人の名前、作業を行った上で、伝達したいことを記載するコメントを記載する欄は、設けておいたほうがいいです。

(2) 数日分の日付や曜日が入っているもの

項目の右側に1週間または1か月分の日付を入れる形式のチェックリストです。

「トイレ掃除」、「最後に退社する人がやること」など、比較的シンプルな作業で、1つのチェックシートを複数の人が使用するものに向いたフォーマットです。

トイレなど特定の作業場所や共有スペースに置くようにしましょう。誰かが使うときに、どこにあるかわからないということを防ぐことができます。

【図表 21　チェックリストのフォーマット】

（1）箇条書き形式のチェックリスト

日付　　年　月　日

業務名	

【業務の目的】	作業者	レビュー
	作業時間	分

✓欄	項　　目
□	
□	
□	
□	
□	
□	
□	

コメント

作業者	レビュー

（2）日付入チェックリスト

項目	4/1	4/2	4/3	4/4	4/5	4/6	4/7	4/8	4/9	4/10	4/11	4/12

4　しっかりメンテナンスをして仕組みを回し続けよう

○「想い」の浸透と仕組み

仕組みが形だけにならないように

せっかくマニュアルやチェックシートを作成しても形骸化してしまい、全く使用されなくなることは、残念ながらよくあります。

それでは、活用して、業務を滞りなく行うためには、何が必要なのでしょうか。

様々な仕組みを導入するには、「想い」を社員に浸透させることがとても重要です。

チェックリストを使う人も最初はやろうと頑張りますし、本当はやらなければならないことはわかっています。

それでも、継続して活用しなくなってしまうのは、

① いろいろな業務に追われてしまってつい使うのを忘れてしまう

② マニュアル等を使用しなくても業務を終わらせられれば周りから特に何も言われない

といった社内の雰囲気があり、それがそのまま自然消滅を許してしてしまうといったのが多いのではないでしょうか。

要するに、継続できないのは、担当者がマニュアル等を利用することが習慣化できていなかったり、過程は重視されずに、とりあえず仕事が回ればよいといった企業文化があるということが影響しているのです。

給料を払っているのだから叱責してでもやらせればいい、というのも1つの考え方でしょうし、また、そのような方法で奮い立たせることが必要な場面があるのかもしれません。

しかし、仕組みを事業に落とし込むためには、担当者の行動よりもっと本質的な考え方のところを押さえなければなりません。

「何をするために存在しているのか」、「どこに向かっているのか」、「何を正しいとするのか」という会社の根本的な方向性や価値観である、事業に対する「想い」を本当に理解して共感していれば、マニュアル・チェックリストの意味を理解して、自主的に行動してくれます。

第1章で紹介したマザーテレサの言葉のように、「習慣は、思いから生まれてくるもの」なのです。「想い」を理解して行動に移すのは、言うほど簡単ではありませんが、経営者であるみなさんが伝える機会を設けなければ、永遠に理解されることはありません。

事業のベースである「想い」を伝える大切さを理解して行動に移しましょう。

社員が自主的な判断をする

また、「想い」を社員が理解・共感すると、仕組みをつくった以上の効果が出てきます。

もちろん、経営者に判断を仰ぐべき事由は別ですが、日々の業務（特にお客様相手の業務）では、マニュアルに書いていない作業でも、担当者レベルで解決してほしいことが発生することはよくあります。

そのようなときでも、会社として正しいと考える価値観がしっかりしていて、社員がそれを理解していれば、ほとんどの場面で考えられる最善の行動をしれくれるはずです。経営者であるみなさんが、すべてを判断しなくとも仕事が回っていくのです。

マニュアル・チェックリストを中心とした仕組みと「想い」の浸透で、盤石の事業基盤をつくりましょう。

○マニュアル等は常に最新の状態を保つ

マニュアルの信頼性を担保する

マニュアル・チェックリストをキチンと活用して業務を行う仕組みができたとしても、リスト自体に「そのマニュアル等を参照して業務をやれば問題なく仕事が完結する」という信頼性がなくなれば、結局使われなくなってしまいます。

なぜなら、マニュアル等を使う目的である業務の効率化やミス・漏れの防止ができなくなるとツールの信頼性がなくなり、使用する意義を見出せなくなるためです。最新の状況における最善の方法が記載されていることが重要になるのです。

更新するときに心がけること

更新するときに心がけるべきこととしては、次のような事項が挙げられます。

①　複数人が関わる

初めは、みなさんが中心に更新していくことになるかもしれませんが、社員が多くなると、すべての業務に目が行き届かせることは難しいですし、業務を取り巻く環境は常に変化します。

そのため、マニュアル等を使用する現場の担当者も含めた複数人が、意見を出しながら更新できる仕組みをつくることが重要です。

②　定期的に見直す機会をつくる

マニュアル等を常に最新の状態にしようとただ漠然と決めるだけでは、日々の業務に追われて更新は滞ってしまいます。

定期的にマニュアル等の内容について話し合う場を設けましょう。

1か月に1度、3か月に1度など、日付を決めてしまうのも1つ方法ですし、Wチェックするときに、担当者とレビューをする人が常に話し合えるようにチェックリストの一番下に「内容を更新する必要があるか」という項目をつくるのもいいかもしれません。

③　担当者を決める

やらなければ問題が起こる、業務が滞るといったものでない更新作業は、枠組みや決まり事をつくっただけでは、うまく運用されません。責任を持って更新を取り仕切る責任者を決めることも大切です。

責任者が更新作業をうまくリードして、マニュアル等を更新することが、日常業務のプラスαの作業ではなく、ルーチンの一部であるという位置づけに持っていけるように、経営者側からもメッセージを発信するなどのサポートをするようにしましょう。

ここまで、価値を提供するための仕組みづくりの方法を見てきましたが、正直めんどくさいなと感じられたかもしれません。

しかし、価値をつくり出すために社内体制を効率的な仕組みで固めると、何の取決めもなく業務を行うよりも、飛躍的に生産性がアップします。そして、生産性が高ければ、少ない人数で多くの価値をつくり出すことができ、人件費等の固定費を抑えられることから、利益の出やすい筋肉質の組織をつくることができます。

２０１４年度の日本の労働生産性は、ＯＥＣＤ加盟34か国中21位で、先進7か国の中では最も低い水準（日本の生産性の動向２０１５年版：公益財団法人日本生産性本部ＨＰより）となっていることから、生産性のアップで他の国内企業との間で競争優位に立てると考えられます。

カッチリ仕組みをつくって、万全の状態で事業を始められるようにしましょう。

第４章

創業計画書で「想い」を形にしよう！【全体像の明確化】

1　創業計画書をつくるということ

○なぜつくるのか

事業の全体像を捉えられる

第1章から第3章までで、「想い」を明確化して、ビジネスモデルをつくって事業の組立てや社内体制の仕組みどうするかを考えてきました。これまでは、やろうとしていることをビジネスとして成功させるための骨組みをつくる工程であったといえます

創業計画書では、これまでつくってきた骨組みを体系立てて整理し、損益計画書などに数字を落とし込むことで事業の全体像を捉えられるようにします。

事業が始まると、目の前の実務に追われることが多くなりますが、経営者として常に事業全体を俯瞰して、「今、事業はどのような状態か」、「目的に向かって進めているか」を見られるようにしておかなくてはなりません。創業計画書の作成は、その第一歩です。

つくるメリットはいっぱいある

創業計画書を作成すると事業の全体像を把握することができると書きましたが、この他にも創業

計画書の作成には、次のメリットがあります。

①　今後の経営の拠り所となる

苦しくなったとき、判断に迷ったときなど、何を基準に行動すればよいかの軸である「想い」を事業としてどのように具現化するかが明記されている創業計画書は、経営の拠り所となります。頭の中だけに「想い」があっても、混乱しているときほど忘れてしまうものです。創業計画書という形になっていることは、とても大事なことなのです。

②　社内関係者へのメッセージとなる

社員に、「自社は、何をしたいのか、どこに向かっているのか」を示すということは、第1章でやりました。「想い」を共有することは大事ですが、それだけでは足りません。頑張ったらその先に何があるかを、具体的な資料で共有することも必要です。

③　外部関係者へ事業の実現可能性を説明できる

事業を始めるに当たって、融資など資金調達をする場合には、外部関係者にこの事業の実現可能性を説明することができますので、支援が受けやすくなります。

④　具体的なアクションプランをつくることができる

ビジネスの骨組みができても、では何をやればいいのかがわかりません。

しかし、創業計画書をつくると、具体的なアクションプランを作成することができるようになります。

【図表 22　創業計画書の全体像】

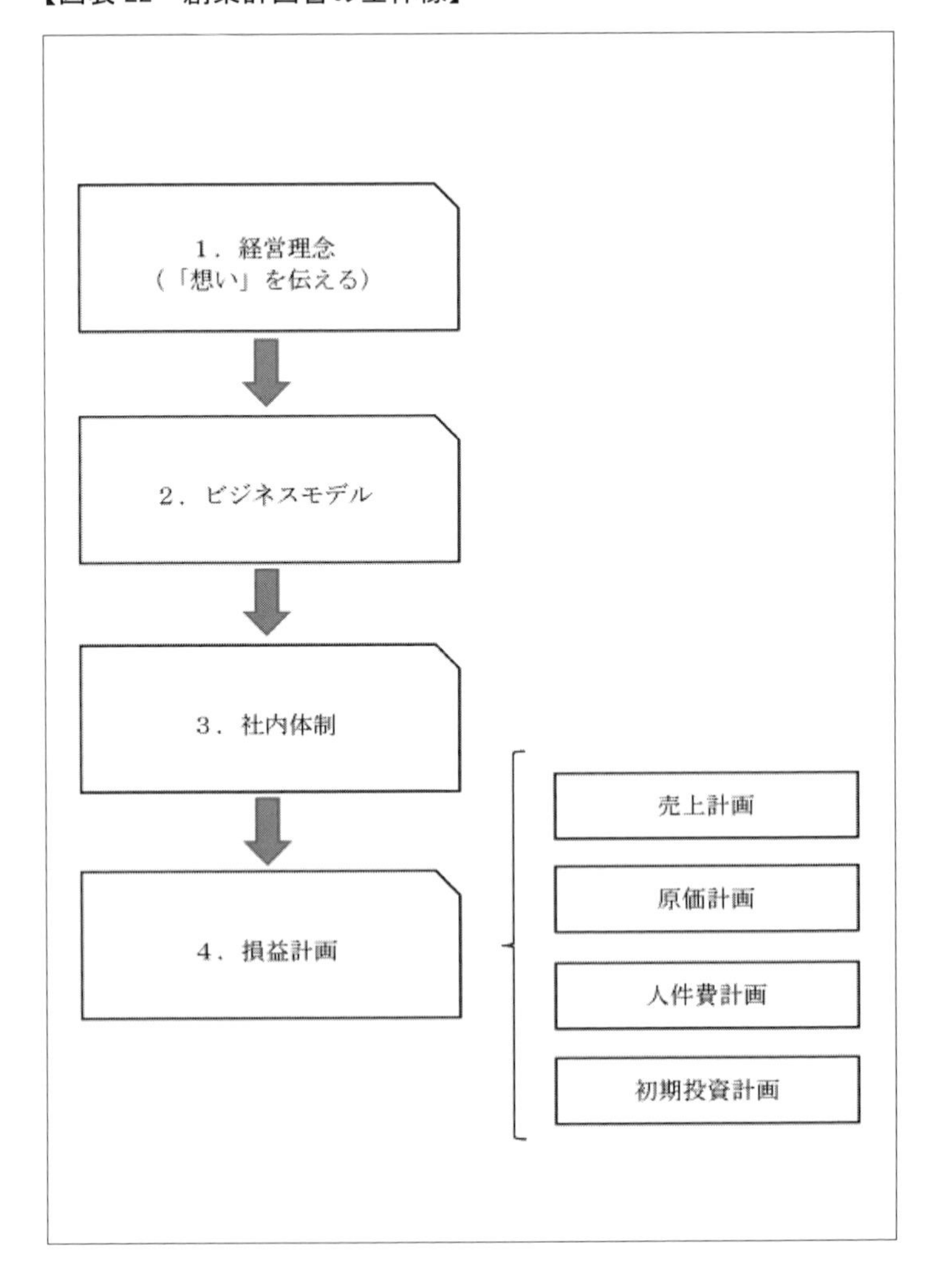

簡素なものでいい

筆者は、創業計画書を数十枚の大作としたり、必要以上に見た目にこだわってつくる必要はないと考えています。もちろん、経営者の考えによってつくるのであれば、それを否定することではありませんが、なかなかそこまでつくれる人は多くないと思います。

みなさんには、創業計画書をつくるメリットを享受していただくために、とにかくつくることを最優先にしてもらいたいので、本書で紹介する創業計画書の組立てはとてもシンプルなものにします。

図表22をご覧ください。実は、第３章まで読み進めて章の最後のフォーマットを書き込んでいると、後は「損益計画書」をつくればできてしまうのです。

2　実現可能な計画はこうつくる

実現可能性が高くなる損益計画書は、「売上計画」、「原価計画」、「人件費計画」、「初期投資期計画」の４つをつくって、それらを合わせることにより完成します。

○売上計画

売上予測の基本的な考え方

費用と違って、売上は、自分でコントロールできませんから、予測が難しいですが、できるだけ実現可能と考えられる売上を説得力ある根拠を積み上げて売上計画を立てていきます。

計画を立てるに当たっては、売上はどのような業種でも、基本的には次のように売上を分解して考えるといいでしょう。

売上＝単価×数量

売上というカタマリを予測することは難しいですが、単価と数量に分けると考えやすくなりませんか。分けた後に、単価、数量それぞれの根拠を積み上げていけばいいのです。

売上をどう算出するか

① 自分の経験や目標から予測する（図表23、24）

単価は、第2章で決定した価格とするなど、試算に基づくものとし、数量は、今までの経験や利益を確保するために必要な数字を設定する方法です。

数量部分に関しては、省庁などが発表している統計から間接的なものでも引用して説明できると説得力が増します。

この予測条件でもよいのですが、設例1の飲食店の場合、回転数をランチと夜営業に分解したり、営業日数を曜日ごとに分解すると、より説得力のある予測売上が算出できます。

設例2の材料加工業の場合では、業界の統計資料などから加工される製品の需要などを見つけ出

【図表 23　設例１・飲食店（ラーメン店）の場合】

売上 ＝ 客単価 × 席数 × 回転数 × 営業日数

（予測）
客単価　800円
席　数　　15席
回転数　　10回転
営業日数　25日

１か月の予測売上＝ 800円×15席×10回転×25日＝300万円

【図表 24　設例２・材料加工業の場合】

売上 ＝ 設備の加工能力 × 設備数

（予測）
設備の加工能力　　150個／日
加工賃　　　　　　250円／個
稼働日　　　　　　25日

１か月の予測売上＝150個×250円×4台×25日＝375万円

し、統計から自社に来るであろう1か月の受注個数を割り出すことができれば、より細やかな積上計算をすることができます。

もし、フル稼働するほど受注が見込めないと試算された場合には、１台ごとの稼働率を検討すればより説得性が増します。

② 日本政策金融公庫の指標から予測する

日本政策金融公庫ＨＰでは、「小企業の経営指標」を公表しています。

（日本政策金融公庫ＨＰ：https://www.jfc.go.jp/n/finance/sougyou/sougyou02.html）

この指標では、「細かい業種ごと」、「業種内の従業員数ごと」に会社を区切って、「１人当たりの売上高」や「店舗面積３・３㎡当たり売上高」が公表されています。この指標を使って算出する方法もあります。

ただし、業種と規模は区分されていますが、

【図表 25　設例３】

売上 ＝ 1㎡当たり売上高（月間）× 売場面積

（予測）
1㎡当たり売上高（月間）　16万円（小企業の経営指標より）
売場面積　100㎡

1か月の予測売上 ＝ 16万円 × 100㎡ ＝1,600万円

【図表 26　設例１の売上計画（一部条件変更）】

	4月	5月	6月	7月	8月	9月	10月	11月	12月	1月	2月	3月	合計
回転数	8	8	8	10	10	10	12	12	12	12	12	12	
営業日数	26	26	26	27	23	26	26	26	26	23	24	27	306
売上予測額（単位：万円）	250	250	250	324	276	312	374	374	374	331	346	389	3,850

※１　客単価は800円
※２　席数は15席
※３　回転数は初めの3か月は8回転。
7月以降は、店が周知されることで3か月ごとに2回転ずつ上がると仮定。
※４　営業日は、水曜日を定休日としてカウント。
盆休みは3日、年末年始の休みは4日とした。

それ以外は区分ごとの平均値であること、また、業種によっては調査対象の会社数が少ないことから、みなさんの事業の予測売上高の算定根拠としてそのまま使用してよいかよく検討してから試算してください。

図表25では、小企業の経営指標を使って、コンビニエンスストアの予測売上高を算出しましたが、コンビニエンスストアは、酒類やたばこを取り扱うかにより大きく売上高が変わってきます。

このように自分の状況と経営指標の前提に条件の乖離があるときは、合理的な方法で調整する必要があります。

売上計画としてまとめる

最後に計算根拠がわかりやすいように、図表26のようにまとめておくとよいでしょう。

○原価計画

原価計画でまず気をつけること

①　原価はどういうものかを知る

原価とは、売上の基となる製品などをつくるための費用をいいます。

例えば、製造業の場合、製品をつくるための材料費や作業する人の人件費は原価になりますが、製品を売るための広告宣伝費は原価には入らないので注意してください。

②　原価計画に記載する金額

原価計画に記載するのは、つくったものにかかった金額ではなく、売れたものに対応する金額となります。

例えば、4月に原価50円の製品を２００個つくって１０，０００円支出したとしても、１００個しか売れなければ、原価計画の4月の原価は5，０００円（＝50円×１００個）と記載しなければなりません。

原価の算出方法

業種により原価の算定方法は変わってきますので、主なものを見ていきます。

本来、原価の算出は、とても複雑な計算をすることになりますが、ここでは枠組みを理解してい

【図表 27　設例４】

卸売業、小売業の原価計算例

予測販売個数

（売上計画）

	4月	5月	6月	7月	8月	9月	10月	11月	12月	1月	2月	3月	合計
A商品（@50,000円）	90	80	75	70	85	100	92	83	75	80	100	95	1,025
B商品（@70,000円）	60	80	85	85	78	68	70	60	85	72	67	65	875
売上予測額（単位：万円）	870	960	970	945	971	976	950	835	970	904	969	930	11,250

売上に対応する仕入額が原価になるので
売上計画の販売個数を使うと計算しやすい。

（原価計画）

	4月	5月	6月	7月	8月	9月	10月	11月	12月	1月	2月	3月	合計
A商品（@40,000円）	90	80	75	70	85	100	92	83	75	80	100	95	1,025
B商品（@50,000円）	60	80	85	85	78	68	70	60	85	72	67	65	875
原価予測額（単位：万円）	660	720	725	705	730	740	718	632	725	680	735	705	8,475

【図表 28　設例５】

商品数が多く全ての販売個数を推測するのが困難の場合には、
上位何割かの原価率を予測売上高に乗じてみる。
（この設例では、【設例 4】の商品をコア商品と想定して試算してみます）

①　会社全体の予測売上　52,250万円

②　商品A，B原価率　＝　8,475万円÷11,250万円＝75.3％

③　会社全体の原価　＝　52,250万円×75.3％＝39,344万円

原価計画では、③の39,344万円を12で割って月々の原価を記載する。
（できれば季節変動などを加味できるとよい。）

ただくために、できるだけ簡略化した形で説明していきますのでご留意ください。

(1)　卸売業、小売業など

　製品を仕入れて、そのまま他に販売する事業では、仕入れた製品のうち、売上に対応する部分の金額が原価となります。

　このような業態は、商品数が多くなりがちですので、1つひとつの販売個数を設定すると膨大な時間を要するため、売上計画は販売個数の積上げではなく、過去の経験や統計資料などからつくることもあるかと思います。

　そのようなときは、上位何割

【図表29　設例6】

製造業（同じ製品を続けて作る業種）の原価計算例

① 材料費　・・・350万円

② 人件費　・・・150万円

③ 製造経費・・・500万円（外注費、工場家賃、水道光熱費など）
　合　計　　1,000万円

④ 作った製品の数　5万個

⑤ 1個当たりの原価　1,000万円÷5万個＝200円／個

1個当たりの原価が計算できたら、予測販売個数を乗じて原価計画を作ります。

予測販売個数

（原価計画）

	4月	5月	6月	7月	8月	9月	10月	11月	12月	1月	2月	3月	合計
C商品（単位：万個）	4.5	4.7	4.6	5.1	4.6	4.4	4.7	5.0	4.8	4.5	4.3	4.4	55.6
原価予測額（単位：万円）	900	940	920	1,020	920	880	940	1,000	960	900	860	880	11,120

※ 製品が複数あるときは、①から③までの費用を特定の製品にひも付けられる「直接費」と複数の製品にまたがって使用される「間接費」に分けて原価を計算すると、より精密な原価を計算することができます。

かの商品のトータルの原価率を試算してみて、それを売上高に乗じるのも1つの考え方です（図表27、28参照）。

(2) 製造業など

同じ製品を連続してつくり続けるような製造業等では、ある期間、例えば1か月に製品をつくるために必要な費用の合計額を1か月でつくった製品の数で割ることにより、製品1個当たりの原価を算定します。

（原価を算定する上で集計する主な費用）

① 原材料費…製品をつくるために必要な材料費。原価を算定する期間に使用したものをピックアップします。

② 人件費…工場の従業員の人件費。

③ 外注費…外部業者に加工の一部を外注したときの費用。

④ その他関連経費…工場の家賃や水道光

【図表30　設例7】

飲食店の原価計算例

（食材）

① メニューごとに必要材料、分量を集計。

② 歩留率などを考慮してメニューごとの原価を検討。

③ 売上計画で考えた客単価との整合性を考えながら1食当たりの原価を考える。

④ 1食当たり原価 × 客数（※） で1か月の原価を算定する。

（※） 席数 × 回転数 × 営業日数

（飲料）

仕入原価 × 客数で1か月の原価を算定する。

〈ポイント〉

・食材と飲料がある場合には、原価は分けて管理しましょう。
・ワインやウイスキーなど1度に1単位（1本）消費しないものは、消費割合を加味したほうが原価はより正確に計算できます。
・飲食店は、家賃、光熱費などコントロールしにくい固定費が多く、経営努力できるのは材料費、人件費にほぼ絞られるとの考えから材料費＋人件費を原価と考えて管理するやり方もあります（一般的に60%前後の店が多いと言われています）。

熱費、設備の減価償却費など。

(3) 飲食店など

飲食店や小規模な洋服の製造小売店では、メニューや商品をつくるための材料代のみを原価としているところが多いかと思います。

このような業種で気をつけたいのは、レシピなどから理論的に見積もった原価と実際の原価が異なることが多い点です。

飲食店の場合、例えば肉を500g仕入れたとしても、脂を切り落とすなど調理してお客様に提供することを考えると400gしか使用できる部位はないということが多くあります。

レシピ上で肉の仕入れは400gで採算が合うと考えていても、実際には500g分のお金を払って仕入れてい

【図表 31　人員計画】

（人員計画）

（単位：万円）

	4月	5月	6月	7月	8月	9月	10月	11月	12月	1月	2月	3月	合計
代表取締役（社長）	80	80	80	80	80	80	80	80	80	80	80	80	960
調理スタッフ（社員）	30	30	30	60	30	30	30	30	60	30	30	30	420
調理スタッフ（社員）										25	25	25	75
調理スタッフ（アルバイト）	8	8	8	8	8	8	8	8	8	8	8	8	96
ホール（アルバイト）	7	7	7	7	7	7	7	7	7	7	7	7	84
ホール（アルバイト）							7	7	7	7	7	7	42
合計	125	125	125	155	125	125	132	132	162	157	157	157	1,677

（採用予定）①　予測通り売上が上がってきたら10月にホールのアルバイトを1人増員。
②　さらに売上が上がる予定の1月に正社員を1人増員。

れば、原価計画に大幅な修正が必要になります（洋服の製造小売店では、生地のロスなどを見落としがちです）。

　レシピだけで原価を見積もるのではなく、このような食材のロスや仕入可能なロット（単位）など、実務上の仕入金額も加味して原価計画を立てるように心がけましょう。

○人件費計画

人員計画を立てる

　人件費を考えるには、最初に人をどのように配置して、規模が拡大するごとにどのように人を採用していくかなどの人員計画を立てる必要があります。

　まず、第3章で検討して作成した組織図を参考に人を割り当てて、事業を始めるときに何人必要かを考えてみましょう。

　人員計画は人数で見積もって表を作成するのもいい

【図表32　人件費計画】

（人件費計画）

（単位：万円）

	4月	5月	6月	7月	8月	9月	10月	11月	12月	1月	2月	3月	合計
給与・賞与	125	125	125	155	125	125	132	132	162	157	157	157	1,677
通勤費	2	2	2	2	2	2	2.5	2.5	2.5	3.5	3.5	3.5	30
法定福利費	19	19	19	24	19	19	20	20	25	24	24	24	256
求人費	20					5			10				35
福利厚生費	2	2	2	2	10	2	2	2	10	2	2	2	40
合計	168	148	148	183	156	153	157	157	210	187	187	187	2,038

① 給与・賞与・・・人員計画より
② 通勤費　・・・社員1万円、アルバイト5千円で試算
③ 法定福利費・・・（①＋②）×15％で試算
④ 求人費　・・・採用見込み時期に計上
⑤ 福利厚生費・・・ユニフォーム代月2万円、8月と12月に慰安会を予定。

ですが、最初は少人数で事業を行う予定であれば、図表31のように給与の金額（賞与を含む）を入れていくと、必要人員と給与、そして利益とのバランスが見やすくなります。

人件費計画をまとめる

人員計画ができたら、人件費計画をまとめていきますが、人件費は給与だけではありません。次の費用も計算して、計画に盛り込んで作成しましょう。

(1)　法定福利費

社会保険料、労働保険の事業主負担分です。

平成28年2月時点では、業種にもよりますが、給与＋通勤費の金額の15％を少し超えるくらいです。

計画では15％で試算すればよいでしょう。

(2)　通勤費

計画では、意外と見落としがちになる費用です。

「求人票に載せる予定の通勤手当の最高額×50％」

など、わかる範囲での見込みでいいので計算してみてください。

⑶　求人費用

人材を募集するための求人広告代、人材紹介料も人件費に含めます。

⑷　福利厚生費

ユニフォーム代、暑気払い、忘年会や社員旅行などの支出を記載します。

１年目は、あまり福利厚生を手厚くできることは少ないでしょうが、大きい金額を見込むときは記載するようにしましょう。

○初期投資計画

初期投資計画

一般的な事業計画書では、設備投資計画を作成しますが、事業を始めるときにはいろいろな支出をすることになりますから、設備に限らずに事業を始めるために必要な大きな出費を一覧にするとよいでしょう。

出費を内容によって区分する

ひとくくりに出費といっても、その内容により経理処理が変わってきますから、内容ごとにカテゴリを分けて考えていきます。

①　費用として処理するもの

会社設立費用、ＨＰ作成費用（一般的なもの）や10万円未満の備品などが該当します。

②　費用として処理できないもの

事務所や店舗の保証料、敷金などが該当します。

③　減価償却するもの

減価償却という言葉になかなか馴染みがないかもしれませんが、「価格が10万円以上」で「1年以上使用できる」資産は、このカテゴリーに区分します。

店舗の内装、パーティション、エアコン、車、パソコン、キャビネット、冷蔵庫、厨房用品製造業の機械やソフトウエアなど、事業で使用する様々なものが該当することになります。

減価償却とは何かについては、図表33でかなり簡略化した形で説明しています。

経営者として、業績を把握するには、絶対に知っておくべき考えなのでしっかり押さえてください。

なお、減価償却での費用計上額（減価償却費）の計算は複数ありますが、事業計画書では一番シンプルな定額法（取得価額÷耐用年数（法律で定められた使用可能期間））を採用することが多いです。耐用年数（その資産が使用できる年数）は、国税庁のＨＰで公表されている耐用年数表に基づき決定するようにしましょう。

計画の作成

初期段階でどれだけのお金が必要となるかを確認できるように、「初期投資計画」と減価償却費

【図表 33　減価償却費とは】

（意味）

減価償却とは、時の経過や使用することにより価値が減少するものを購入したときに一度に費用処理するのではなく、使用できる期間に応じて費用処理していく会計処理をいいます。

（対象は、取得価額が10万円以上で1年以上使える資産のみです。）

（目的）

何年にもわたって使用できる資産は、その間ずっと売上を上げるために貢献するのだから、その期間に応じて費用を計上していくのがよいという考えから、会計ではこのような処理をすることになっています。

何年使用できるか（耐用年数）や各期にいくらを費用計上するかの計算方法は、法律で決められていて基本的にはそれに従って処理します。

（5年使用できる機械（30万円）を買った場合）

①取得した期に全額費用処理

	1期	2期	3期	4期	5期
売上	10	10	10	10	10
費用	-30				
利益	-20	10	10	10	10

1年目だけマイナス20万円で、2年目以降は機械を使っても費用はゼロで10万円まるまる利益になってしまう。

②減価償却で使用できる期間で費用処理

	1期	2期	3期	4期	5期
売上	10	10	10	10	10
費用	-6	-6	-6	-6	-6
利益	4	4	4	4	4

使用している期間にわたって費用処理されるので、利益が会社の実態と近いものが計算できると会計上考える。

【図表 34　初期投資計画と減価償却費予測】

（初期投資計画）

（単位：万円）

	4月	5月	6月	7月	8月	9月	10月	11月	12月	1月	2月	3月	合計
・費用になるもの													
法人設立費用	30												30
HP作成費用	35												35
備品一式	50												50
・費用にならないもの													
事務所保証金	150												0
・減価償却資産													
内装工事	900												900
冷蔵庫	50												50
オーブン	80												80
合計	1295	0	0	0	0	0	0	0	0	0	0	0	1,145

（減価償却費予測）

	4月	5月	6月	7月	8月	9月	10月	11月	12月	1月	2月	3月	合計
内装工事	5	5	5	5	5	5	5	5	5	5	5	5	60
冷蔵庫	0.7	0.7	0.7	0.7	0.7	0.7	0.7	0.7	0.7	0.7	0.7	0.7	8.4
陳列ケース	0.8	0.8	0.8	0.8	0.8	0.8	0.8	0.8	0.8	0.8	0.8	0.8	9.6
合計	6.5	6.5	6.5	6.5	6.5	6.5	6.5	6.5	6.5	6.5	6.5	6.5	78

【計算過程】
・内装工事　900万円÷15年（耐用年数）＝60万円／年・・・5万円／月
・冷蔵庫　50万円÷6年＝8.3万円／年・・・0.7万円／月
・陳列ケース　80万円÷8年＝ 10万円／年・・・0.8万円／月

がどの程度利益に影響するかを確認するため「減価償却費予測」の2つの構成で計画するとよいと考えます（図表34参照）。

　これらの計画は、資金調達の検討や損益計画に与える影響が大きいですから、必要な支出を漏れなくピックアップするようにしましょう。

3　損益計画書をまとめる

　まずは、図表35の損益計画書のフォーマットに、「売上計画」、「原価計画」、「人件費計画」および「初期投資計画」で作成した金額を記載していきましょう。

　初めて見る表でどのように記載するかわかりにくいと思いますので、この項は転記の仕方と各項目の説明を中心とします。

この表ができることで、最終的にみなさんの事業の採算性がわかることになりますから、説明をじっくり読んでしっかりつくってください。

○各計画の金額の転記

売上計画からの転記

店舗売上や通販売上など、売上の性質や種類ごとに管理したい場合には、それぞれの金額を分けて「①売上高合計」の内訳に転記します。

原価計画からの転記

商品仕入と自社製造がある場合には、それぞれの金額ごとに「②売上原価」の内訳に転記します。

人件費計画からの転記

ほぼ同じ勘定科目なので、計画からそのまま「④－１人件費」の内訳に転記します。なお、通勤費は、旅費交通費で処理することも多いですから、旅費交通費にまとめてもよいかと思います。

初期投資計画からの転記

初期投資計画からは、「費用になるもの」欄に記載したものと減価償却費を「④－２人件費以外

10月	11月	12月	1月	2月	3月	合計

【図表 35　損益計算書】

損益計画書

勘定科目	4月	5月	6月	7月	8月	9月
売上高１						
売上高２						
①売上高合計						
売上原価1						
売上原価2						
②売上原価						
③売上総利益(①-②)						
給与・賞与						
通勤費						
法定福利費						
求人費						
福利厚生費						
④-1 人件費						
広告宣伝費						
交際費						
会議費						
旅費交通費						
通信費						
消耗品費						
修繕費						
水道光熱費						
支払手数料						
地代家賃						
減価償却費						
雑費						
④-2 人件費以外の経費						
⑤営業利益(③-④)						
⑥営業外収益						
⑦営業外費用						
⑧経常利益(⑤＋⑥-⑦)						
⑨税金						
⑩当期利益(⑧-⑨)						

⑪減価償却費						
⑫返済原資(⑩＋⑪)						
⑬借入金の元本						
⑭キャッシュの増加額(⑫-⑬)						

の経費」の内訳の該当箇所に転記します（事務所保証金など「費用にならないもの」欄に記載したものは、損益計画書上認識しないので注意してください）。

なお、記載例に例示した項目を転記するときは、法人設立費用は支払手数料へ、ＨＰ作成費用は広告宣伝費へ、備品一式は消耗品費に記載することになります。

○その他の項目の入力

④－２人件費以外の経費の記載

初期投資計画からの転記したもの以外で必要と考える経費を記載していきます。

細かい経費で、経費としては使うと思うものの、どのくらい使うかわからないというものについては、「これくらいは使ってもいいのでは？」との予算枠を決めるつもりで考えると、記載しやすくなります。

以下、それぞれの勘定科目（費用項目）には、どのような支出を記載するかを記載しますので、参考にしてください。

・広告宣伝費……ＨＰ費用、チラシ代、ＤＭ費用など
・交際費……取引先など事業に関わる人との飲食費、贈答品代など
・会議費……打合せのための飲食費代など
・旅費交通費……電車代、タクシー代、出張時の宿泊代など

・通勤費……電話代、郵便代、宅急便代など
・消耗品費……事務用品代、電球、名刺などの消耗品にかかる支出。パソコンなどでも、取得価額が10万円未満や使用可能期間が1年未満のものも消耗品費として処理されます。
・修繕費……修理や点検に要する費用やメンテナンス代など
・水道光熱費……事務所や店舗の電気代、ガス代、水道代
・支払手数料……税理士や弁護士に支払う報酬や不動産業者の仲介手数料など
・地代家賃……事務所、店舗や駐車場などの家賃、地代など
・減価償却費……初期投資計画の減価償却費予測で算定した金額
・雑費……右記のどの勘定科目にも該当せず、出てくる頻度が少なかったり、少額であることから新たな勘定科目を設定するまでもないと判断される支出

フォーマットに記載してある勘定科目は、一般的に使用されるものをピックアップしただけです。この他にも勘定科目はありますので、自社の実態が把握しやすくなるものがありましたら、新たな勘定科目を使ってみるのもよいでしょう。

⑤以降の用語の意味や記載方法

・⑤営業利益……③の売上総利益から④の売上原価以外の経費を引いて計算される利益です。本業で獲得した利益を表しています。

【図表 36　中小法人の法人実効税率】

所得金額	法人実効税率
年４００万円以下の金額	21.42%
年４００万円超　年８００万円以下の金額	23.20%
年８００万円超の金額	34.33%

・⑥営業外収益……本業以外の収益がある場合には、この欄に金額を記載します。本業以外の収益とは、受け取った利息、配当金や自動販売機の販売手数料などがあります。

・⑦営業外費用……借入金がある場合には、その利息などを記載します。

・⑧経常利益……営業利益に受け取った利息を足して、借入金の利息を引いて計算する利益です。事業全体の利益を表しています。

・⑨税金……この事業企画書では、経常利益に一定の税率を乗じて法人、個人事業主にかかる税金を計算することとします。

中小法人の平成27年4月1日以降に開始する事業年度の法人実効税率は、図表36のとおりです。

法人実効税率には、住民税の均等割が加味されていませんから、計画では税率を25%として計算すればよいでしょう（年間所得金額が８００万円を大きく超える見込みのときは、税率が高くなる可能性が高いので、税理士に試算してもらった上で税率を決めたほうがよいと考えます）。

個人事業主の場合は、個々により事情（青色申告をしているか否か、所得控除の内容など）により税額が大きく変わりますので、税理士に相談されると正確な見積計算ができます。

・⑩当期利益……経常利益から税金を引いた事業での最終的な利益です。
・⑪減価償却費……初期投資計画の項で説明済みのため、説明は割愛します。
・⑫返済原資……⑩当期利益と⑪減価償却費を合計することで、1年（事業年度）でいくらお金が増えるかの概算額がわかります。この増えるお金の中から借入金の返済することになりますから、借入金を検討しているのであれば、この欄で借入金の元本が月額いくらまでなら返済が可能かを確認することができます。
・⑬借入金の元本……検討している借入金の元本を記載します。
・⑭キャッシュの増加額……借入金の元本を返済した上で、最終的に事業年度の初めよりいくらお金が増えるかが記載されます。この欄がマイナスであれば、この計画では、検討している借入金を返済することはできない結果となりますから、計画の練り直しが必要になります（借入れをしない場合には、⑫の金額がマイナスとなれば同様です）。

○記載内容を何度も見直す

各計画とそれを積み上げた損益計画書とのバランスを見る

損益計画書を作成することで、別々の角度から積み上げて検討してきた売上計画と人件費計画、その他の経費の計画などのバランスがとれているか、それともいびつになっていて修正が必要となるかが数字で一目瞭然となります。少しでも違和感があったら何度でも修正してください。

修正するときは、数字だけを直すのではなく、その前提となった組立てからキチンと見直すようにしましょう。ここで丁寧に見直しをすれば、これでいける！　と自信が持てる創業計画書をまとめることができるようになります。

創業計画書をまとめる

損益計画書ができれば、創業計画書の内容は、すべて作成したことになります。

「1．経営理念「想い」」、「2．ビジネスモデル」、「3．社内体制」、「4．損益計画書」を1つにまとめましょう。よくパワーポイントなどできれいにつくっているものがありますが、WordやExcelなどでつくり、見やすい体裁に整えてホチキスで留めるだけで構いません。大事なのは内容です。

この創業計画書が起業後のみなさんの経営の拠り所となるはずです。常に見直せる場所に置いて、フル活用していきましょう。

事業が始まってからでも修正は必要

やっとできた創業計画書ですが、借入れなどのために作成しているのではありませんから、つくってしまえば終わりというものではありません。

第6章で詳しく説明しますが、損益計画書は、第1期の予算としてフルに活用していくことになります。状況に応じて修正が必要となることも頭に入れておきましょう。

第5章　資金調達をしよう！【資金の安定化】

1　資金調達について知ろう

○お金があれば会社は潰れない！

会社にとって、まず大事なのは、お金です。赤字であっても、資金が回れば、会社は存続できますが、逆に黒字であっても、資金がショートすれば、会社は倒産してしまいます。

当然のことながら、資金の安定化を図ることは、非常に重要な問題であり、経営者として資金調達の知識を持ち、資金調達の要否を検討できるようになっておかなければなりません。

また、起業時からその2、3年後までは、次のような理由で資金調達の問題に直面することが多くなりがちです。1つひとつしっかり押さえていきましょう。

- 事業を始めるため…飲食店を始めるために内装工事や厨房設備への設備投資が必要になるなど、自己資金だけでは初期費用がまかなえないケース。
- 業績が好調のため…「業績が好調で運転資金が必要となった」や「事業拡大のため設備投資や人件費の先行投資が必要となった」などのケース。
- 事業立直しのため…現状事業がうまくいっておらず、事業のテコ入れのために資金が必要というケース。

【図表 37　資金調達の全体像】

資金調達の種類	主な内容
間接金融 （主に融資）	日本政策金融公庫からの融資
	信用保証協会の保証付き融資（自治体の制度融資を含む）
	民間金融機関（銀行、信金等）からの融資
	ノンバンクからの融資
直接金融 （出資など）	ベンチャーキャピタルからの出資
	中小企業投資育成株式会社からの出資
	個人投資家からの出資
	少人数私募債による資金調達
補助金・助成金	主に省庁による返済不要の資金

このように起業時に借入れが必要でない業種であっても、資金調達が必要になるケースが生じることがあります。

関係ないとタカをくくらず、起業時に行える主な資金調達は、押さえるようにしましょう。

○資金調達の種類

資金調達の全体像は、図表37をご覧ください。

間接金融

主に銀行等からの融資です。中小企業のほとんどが、この方法で資金調達しています。

起業時には、現実的に、①日本政策金融公庫の創業融資、②自治体の創業融資で資金調達することになります。

この後は、この間接金融を中心に説明していきます。

直接金融

ベンチャーキャピタルや個人投資家からの出資などをいいま

す。

中小零細企業が直接金融で起業することは、ほとんどありませんが、資金調達の方法の一つとしてあるということは押さえておきましょう。

補助金・助成金

国等が政策目標を達成するために、その目的にあった事業に対して給付される、返済が不要なお金です。

補助金・助成金は、①補助金の募集条件を満たした上で応募し、審査を通過することが必要な経済産業省系、②助成金の要件を満たしていれば給付を受けられることが多い厚生労働省系があります。

気をつけないといけないのは、給付は後払いであるということです。

例えば、３００万円かかる予定の事業のために２００万円の補助金を申請して、審査を通過しても、補助金の給付を受けられるのは、事業を実施した後に報告書等を提出して検査を受けた後です。まず、自己資金や融資などで、自分が用意した資金をもとに事業を行う必要があります。

先に補助金の２００万円をもらって事業（３００万円）を行うことはできないことは、知っていなければいけません。

要件を満たすようであれば、ぜひ活用して初期の事業資金の安定化を図りたいところですが、最初から補助金などを事業資金の一部と見込んで起業しようとするのはやめましょう。あくまで、事業を補完するものという認識が必要です。

なお、補助金・助成金は、年度ごとに要件や内容が変わります。自分の会社で申請できるものがないか、日頃から情報収集するようにしましょう。

次のサイトは、補助金・助成金を含めて中小企業のビジネスについての有益な情報がえられますので、ぜひチェックしてください。

〈補助金・助成金の情報が得られるサイト〉

・「Ｊ－ｎｅｔ２１（運営：独立行政法人中小企業基盤整備機構）」
　http://j-net21.smrj.go.jp/index.html

・「ミラサポ（運営：中小企業庁）」
　https://www.mirasapo.jp/

2　融資を受けるために大切なこと

起業する際の資金調達は、ほとんどが日本政策金融公庫または自治体による創業融資です。

創業融資を融資する側（日本政策金融公庫や自治体、金融機関）から見ると、通常の融資であればその会社の決算書の数字などから、どのくらい返済能力があるか検証してお金を貸すことができ

【図表38　自己資金とは】

【自己資金】

主にこれまで給料などからコツコツと貯めてきた預貯金で、その記録が通帳で確認できるものを指します。その他では、自分の資産を売却して得たお金や相続により取得したお金も原則として自己資金として認められます。

ただ単に自己資金が用意できずに一時的に親類や友人からお金を借りて（いわゆる見せ金で）預金残高を多くしても、そのお金は当然自己資金として認めてもらえません。

融資の審査では、通帳のコピーを求められますから給料以外の多額の入金がある場合には、ほぼ確実に出所を突っ込まれると思ってください。

タンス預金や両親から受け取ったお金は、事実関係などで判断は異なる結果になると思いますが、自己資金と認めてもらうのは厳しいと考えたほうがいいでしょう。

ますが、起業したばかりの会社だとそれができません。

したがって、「損益計画書の数字以外の要素でも貸しても大丈夫ですよ」ということを示すことが重要です。

○自己資金をキチンと貯めているか

創業融資のお手伝いをするときにネックになることが多いのが、自己資金（図表38参照）をどれだけ確保しているかです。

例えば、日本政策金融公庫の新創業融資制度では、「創業資金総額の10分の1以上の自己資金」が、自治体の創業融資は、都道府県、市町村により要件は異なりますが、「創業資金総額の2分の1以上の自己資金」を必要とするところがあります。

この要件をクリアしないと、申し込むことができませんので、キチンと準備しておいてください。

○業種経験はあったほうがいい

始めようとする事業の業種において、過去勤務などを通して経験があるかも、融資の判断要素となります。

例えば、飲食業でずっと修行をしてきた人が起業するのと、税理士が飲食業で起業するのとでは、どちらが事業をうまく運営できるでしょうか。やはり、経験の有無で、融資する側から見た信用は異なってくるのです。

経験がある人は、事業に活かすことができる今までの経験（営業実績や業界での人脈など）は、一度整理して話すことができるようにしておきましょう。

○税金の滞納はダメ！

融資に当たっては、代表者の信用情報も加味されます。

創業融資は、日本政策金融公庫（国が全額出資している政府系金融機関）や自治体が携わるものですから、税金の滞納があると審査は非常に厳しくなると思ってください（自治体は、申込み資格に「税金を滞納していない人」を明記しているところが多いです）。もし、滞納がある場合には、すべて納付してから申し込みましょう。

カードローンなどの利用残高がある場合は、グレーゾーンです。

過去、カードローンがある方が融資に成功したことはありますが、代表者の信用情報を確認するのはその人の資金管理能力を見極めるためと思われますので、「ない」に越したことはないのは確かです。

○返済原資を説明できるようにしておく

「創業計画書の最終利益に減価償却費をプラスした金額」が、希望している融資の返済元本を上回ることを説明できるようにしておきましょう。

また、「計画の実現可能性は高く、返済する見込みは高い」ということを担当者に理解してもらうことが必要になりますから、第2章で考えたビジネスモデルが、第4章で作成した損益計画書の数字に行き着くまでの過程をうまく担当者に伝えられるようにしておいてください。

3 創業融資の比較

○日本政策金融公庫による創業融資

文字どおり、日本政策金融公庫が、起業家に直接融資するものであり、創業時に利用できる融資制度として、「新創業融資制度」、「新規開業資金」、「中小企業経営力強化資金」などがあります。

新創業融資制度

「新規開業資金」などの一定の融資制度を利用する場合に選択できる無担保無保証の特例措置です。創業時の借入れでほとんどの人が利用する制度です。

なお、本制度の貸付金残高が３００万円以内の女性については、女性小口創業特例により、図表39の「利用できる方」2．雇用創出、経済活性化、勤務経験または修得技能の要件は、自動的に満たされるものとする優遇措置があります（一部要件の撤廃）。

融資の要件を満たすには、従来、自己資金の要件が一番のネックとなっていましたが、現在は、創業資金総額の10分の1以上用意すれば足り、10分の1の自己資金がない場合でも、新規事業と同種の勤務経験等があれば要件を満たすものとされています。

一見、要件のハードルが下がったように見えますが、あくまで申し込みやすくなっただけで、審査が通過しやすくなったわけではありません。

創業資金総額の1割も自己資金を用意できない人に融資をしたがるでしょうか。やはり、事業に必要な資金を地道にコツコツと給与を貯め続けて、少しでも自己資金を多くするに越したことはありません。

ちなみに、日本政策金融公庫が融資先の創業企業を対象として実施した調査によると、創業資金総額に占める自己資金の割合は、平均で3割程度とされています。

（出所：日本政策金融公庫ＨＰ）

【図表 39　創業融資制度の概要】

<table>
<tr><td>利用できる方</td><td>次の１～３のすべての要件に該当する方

１．創業の要件

新たに事業を始める方、又は事業開始後税務申告を２期終えていない方

２．雇用創出、経済活性化、勤務経験または修得技能の要件

次のいずれかに該当する方
（１）雇用の創出を伴う事業を始める方
（２）技術やサービス等に工夫を加え多様なニーズに対応する事業を始める方
（３）現在お勤めの企業と同じ業種の事業を始める方で、次のいずれかに該当する方
① 現在の企業に継続して６年以上お勤めの方
② 現在の企業と同じ業種に通算して６年以上お勤めの方
（４）大学等で習得した技能等と密接に関連した職種に継続して２年以上お勤めの方で、その職種と密接に関連した業種の事業を始める方
（５）産業競争力強化法に規定される認定特定創業支援事業を受けて事業を受けて事業を始める方
（６）地域創業促進支援事業による支援を受けて事業を始める方
（７）公庫が参加する地域の創業支援ネットワークから支援を受けて事業を始める方
（８）民間金融機関と公庫による協調融資を受けて事業を始める方
（９）既に事業を始めている場合は、事業開始時に（１）～（８）のいずれかに該当した方

３．自己資金の要件

事業開始前、または事業開始後で税務申告を終えていない場合には、創業時において創業資金総額の１０分の１以上の自己資金を確認できる方ただし、以下の要件に該当する場合は、自己資金の要件を満たすものとします。

（１）前２．（３）～（８）に該当する方
（２）新商品の開発・生産、新しいサービスの開発・提供等、新規性が認められる方
① 技術・ノウハウ等に新規性が見られる方
② 経営革新計画の承認、新連携計画、農商工連携事業計画又は地域産業資源活用事業計画の認定を受けている方
③ 新商品・新役務の事業化に向けた研究・開発、試作販売を実施するため、商品の生産や役務の提供に６ヶ月以上を要し、かつ３事業年度以内に収支の黒字化が見込める方
（３）中小企業に関する指針または基本要領の適用予定の方</td></tr>
<tr><td>資金の使途</td><td>事業開始時または事業開始後に必要となる事業資金</td></tr>
<tr><td>融資限度額</td><td>３，０００万円（うち運転資金１，５００万円）</td></tr>
<tr><td>返済期間</td><td>各種融資制度で定める返済期間以内
（例）新規開業資金：設備資金　原則１５年以内
運転資金　原則　５年以内</td></tr>
<tr><td>利率（年）</td><td>２．４％（５年以内、平成２８年２月１０日現在）
※注意：利率は金融情勢によって変動します。</td></tr>
<tr><td>担保・保証人</td><td>原則不要</td></tr>
</table>

【図表40　新規開業資金の概要】

利用できる方	次のいずれかに該当される方 （１）現在お勤めの企業と同じ業種の事業を始める方で、次のいずれかに該当する方 ①現在お勤めの企業に継続して６年以上お勤めの方 ②現在お勤めの企業と同じ業種に通算して６年以上お勤めの方 （２）大学等で習得した技能等と密接に関連した職種に継続して２年以上お勤めの方で、その職種と密接に関連した業種の事業を始める方 （３）技術やサービス等に工夫を加え多様なニーズに対応する事業を始める方 （４）雇用の創出を伴う事業を始める方 （５）産業競争力強化法に規定される認定特定創業支援事業を受けて事業を始める方 （６）地域創業促進支援事業による支援を受けて事業を始める方 （７）公庫が参加する地域の創業支援ネットワークから支援を受けて事業を始める方 （８）民間金融機関と公庫による協調融資を受けて事業を始める方 （９）（１）～（８）のいずれかを満たして事業を始めた方で事業開始後おおむね７年以内の方
資金の使途	新たに事業を始めるため、または事業開始後に必要とする資金
融資限度額	７，２００万円（うち運転資金４，８００万円）
返済期間	設備資金　１５年以内（特に必要な場合２０年以内） （うち措置期間は３年以内） 運転資金　５年以内（特に必要な場合７年以内） （うち措置期間は６ヶ月以内（特に必要な場合１年以内））
利率（年）	基準利率（場合により変動する）
担保・保証人	相談のこと

新規開業資金

新たに事業を始める人や事業開始後おおむね７年以内の人を対象とする制度です。その概要は、図表40のとおりです。

中小企業経営力強化資金

外部専門家（認定経営革新等支援機関）の指導や助言を受けて新事業分野の開拓等を行う人を対象とする制度です。その概要は、図表41のとおりです。

その他の制度

ご紹介したもの以外にも図表42のような様々な制度がありますので、詳しくは日本政策金融

【図表 41　中小企業経営力強化資金の概要】

利用できる方	次の「すべて」に当てはまる方 （１）経営革新又は異分野の中小企業と連携した新事業分野の開拓等により市場の創出・開拓（新規開業を行う場合を含む。）を行おうとする方 （２）自ら事業計画の作成を行い、中小企業の新たな時魚活動の促進に関する法律に定める認定経営革新等支援機関による指導及び助言を受けている方
資金の使途	「利用できる方」に該当する方が、事業計画の実施のために必要とする設備資金及び運転資金
融資限度額	７，２００万円（うち運転資金４，８００万円）
返済期間	設備資金　１５年以内（うち措置期間は２年以内） 運転資金　　５年以内（特に必要な場合７年以内） （うち措置期間は１年以内）
利率（年）	利率一覧表（国民生活事業）の特利Ａを適用 女性または３０歳未満か５５歳以上の方で、新たに事業を始める方や事業開始後おおむね７年以内の方は特利Ｂを適用
担保・保証人	相談のこと。 ※融資限度額のうち２，０００万円までは、無担保・無保証での利用が可能です。

【図表 42　その他の創業支援制度】

制度	対象
女性、若者／シニア起業資金	女性または３０歳未満か５５歳以上の方であって、新たに事業を始める方や事業開始後７年以内の方
生活衛生新企業育成資金	生活衛生関係の事業を創業しようとする方または創業後おおむね７年以内の方
資本制ローン	次の用件の１および２を満たす方 １．適用できる融資制度の対象となる方 ２．次のいずれも満たす方 （１）地域経済の活性化にかかる事業を行うこと （２）税務申告を１期以上行っている場合、原則として所得税等を完納していること

ＨＰでは、この他にも多くの制度が紹介されています。

【図表43　自治体による創業融資】

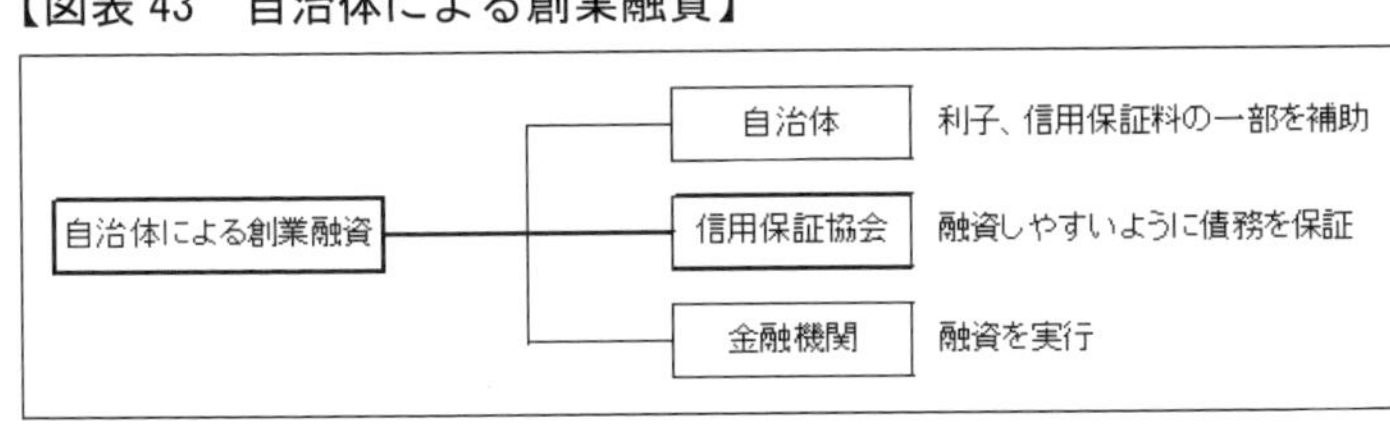

公庫のＨＰ（https://www.jfc.go.jp/）でご確認ください。

（創業支援ページへは、ホーム→サービスのご案内→重点的な取り組み→創業支援→創業お役立ち情報ＴＯＰ）。

○自治体による創業融資

自治体による創業融資とは、図表43のように、自治体が直接融資をするのではなく、「自治体」、「信用保証協会」と「金融機関」の３者が協力して起業家の資金調達を支援するという制度です。

都道府県、市町村ごとに独自の制度が設けられており、融資要件もそれぞれ異なります。

したがって、融資を検討する場合には、要件に該当する自治体の制度をじっくり読み込む必要がありますので、ご注意ください。

今回は、東京都と東京都渋谷区の創業融資制度を見ていきます。

東京都の創業融資

東京都の創業融資は、図表44のような概要になっています。

創業した日から5年以内の中小企業者は、自己資金の要件がありません。

【図表 44　東京都の創業融資の概要】

融資対象	１．現在事業を営んでいない個人で、創業しようとする具体的な計画を有しているもの ２．創業した日から５年未満である中小企業者 ３．分社化しようとする会社または分社化により設立された日から５年未満の会社
融資限度額	２，５００万円 （【融資対象の１】に該当する場合は、自己資金に１，０００万円を加えた額の範囲内） ※　ただし、区市町村が実施する認定特定創業支援事業による支援を受けた場合は、３，０００万円（【融資対象の１】に該当する場合は、自己資金に１，５００万円を加えた額の範囲内）
融資期間	運転資金　７年以内（措置期間１年以内） 設備資金１０年以内（措置期間１年以内）
融資利率	固定金利の場合　１．９%～２．７%以内（融資期間により異なる） 商工団体等の支援を受けた場合「創業支援特例」･･･上記より０．４%優遇
保証人 物的担保	法人の場合･･･代表者以外の連帯保証人は原則として不要 個人の場合･･･連帯保証人は原則として不要 組合の場合･･･原則として代表理事のみを連帯保証人とするが、個々の組合の事情に応じ他の理事を連帯保証人とすることができる
保証料補助	東京都が信用保証料の２分の1を補助

【図表 45　東京都渋谷区の創業支援資金の概要】

対象	次に該当する個別企業（法人・個人） ・事業を営んでない個人で「事業に必要な知識・経験」もしくは「法律に基づく資格」を融資、自己資金および具体的な事業計画があり、個人または法人でくないで創業予定もしくは創業後1年未満であること（１年以内に区外で創業後、区内に移転した場合は対象外）。
資金の使途	運転・設備のいずれか、または両方同時
融資限度額	１，５００万円以内（ただし必要額の２分の１相当額） 営業に供する自家用自動車は４００万円まで（原則として建設業・運輸業の事業用車両を除く） 代表者が区内在住の場合、またはファッション・デザイン、ＩＴなどの分野で特別に認められた場合は、区が信用保証料を３０万円まで補助
貸付期間	７年以内（措置１年を含む）
利率	年１．７%（利用者負担０．４%、区負担１．３%）

ただし、日本政策金融公庫の新創業融資制度と同様、自己資金は多いに越したことはないでしょう。

東京都渋谷区の創業支援資金

東京都渋谷区の創業支援資金の概要は、図表45のとおりです。

融資限度額は、必要額の２分の１相当額とされていますから、自己資金は２分の１用意しなければなりません。

○創業融資制度をどう活用するか

日本政策金融公庫と自治体２つの創業融資制度を見てきましたが、これらの制度をどう活用したらいいのか。まず、それぞれのメリットを整理します。

日本政策金融公庫のメリット

(1)　小規模企業への融資にも積極的

政府系の金融機関であり、中小企業や個人事業主への融資を活発に行っています。融資先の約９割が従業者９人以下であり、その約半数が個人企業です。

融資実績を見ると、日本政策金融公庫が小さな会社への融資を活発に行っていることがおわかりいただけると思います。

(2) 融資の決定が早い

日本政策金融公庫が直接審査して融資するので、融資の決定までがスムーズです。

自治体による創業融資は、信用保証協会の審査、金融機関の審査があり、加えて自治体によっては、担当者や中小企業診断士と数回面談が必要な場合があることから、融資決定までに相当の期間を要することが多いです。

融資決定のスピードは、公庫に軍配が上がると考えられます。

(3) 無担保無保証で融資を受けられる

新創業融資制度で融資を受けられる場合には、担保は不要で、代表者が連帯保証人である必要はありません。起業家にとっては、最も大きいメリットではないでしょうか。

なお、自治体によっては、同様に無担保無保証の形式を採用しているところがありますが、日本政策金融公庫では、事業を行う場所にかかわらず、一律無担保無保証の制度に申し込めますので、平等にチャンスがあるといえます。

自治体融資のメリット

(1) 利子などの一部を負担してくれる

もともと日本政策金融公庫より利率が低く、かつ、信用保証料の補助や利子の補給などで経営者をバックアップしてくれます（必ずしも全国の自治体で行われているわけではないので、自社が該当するかの確認は必要です）。

⑵　自己資金の要件がないものがある

自治体により創業資金総額の半分以上が必要なところもありますが、自己資金の要件を設けていないところもあります。

どこで融資を受けるか

それでは、実際融資を受けるとき、どこで受ければいいのでしょうか。

数多くの制度があり、さらにそれにはそれぞれメリット・デメリットがあることから、非常に判断が難しいです。

ただ、制度も様々ですが、借りるみなさんの状況も様々ですから、自分なりに何を優先するかの基準を持って決めるのがよいと考えます。

①　わかりやすさ

単純に制度はわかりやすいかを優先する考えです。損得を考えないような基準に思えるかもしれませんが、これはこれで立派な考えだと思います。

起業前後は、やるべきことがどんどん押し寄せてきて非常に忙しくなるので、制度がシンプル（わかりやすい、面談が少ないなど）で、資金調達に充てる時間が必要最小限となるのであれば、時間という無形のメリットが得られます。

この基準では、日本政策金融公庫にやや分があるでしょうか。

前述のとおり、日本政策金融公庫が直接融資するので、窓口が該当の支店1つですから、そこで申し込んで融資を受けられるかだけです。

一方、自治体は、窓口が各自治体により金融機関であったり、自治体であったりなどと異なることから、そこから調べる必要があり、また、審査も複数で行われますから、時間を要することが多いです。

② 金銭的負担の少なさ

これまで見てきたように、制度によって利率が異なり、信用保証料の補助や利子の補給がある場合もあります。自分が要件を満たす創業融資制度の借入条件（＋信用保証料）を比較して、金銭的に一番負担が少ないところに申し込むというのも1つの考えです。

こればかりは、みなさんがどの創業制度の要件を満たすか、特にどの自治体の制度の要件を満たすかにより変わってくるので、一概にはどの制度が有利とはいえません。ご自身で調べていただくしかありません。

なお、「3．創業融資制度の比較」でご紹介した制度を比較すると、日本政策金融公庫、東京都、渋谷区の中では、区市町村である渋谷区が金額的には一番有利であると考えられます（女性が「中小企業経営力強化資金」を利用する場合には、利率がかなり抑えられることがあります。該当する場合には、比較において注意が必要です）。

③　同時申請する

日本政策金融公庫と自治体の両方に申請してしまうという考え方です。この考えを基準とするのであれば、「できるだけ多くの融資を受けたい」や「できるだけ融資を受けられる可能性を高めたい」という動機があるかと思います。

動機が前者であればするしかないと思いますが、後者であれば注意しなければなりません。

１つの制度だけ融資を受けられればいいのに、可能性を高めるためだけで同時申請した場合、一方で融資が決まったときに、もう一方をどうするかの対応が難しいためです。

断りを入れると相手の心証が悪くなり、以後の融資に影響が出るかもしれませんし、もう一方の融資も通っても余剰資金となったそのお金を売上アップに結びつけられないと、利息などで必要のない負担をしなくてはなりません。

私見では、後者であり、かつ、時間があるのであれば、１つずつ申し込むのがよいと考えます。１つの制度でダメであっても、内容を立て直して他の制度に再トライする余地が残されるためです。

4　日本政策金融公庫の融資

ここでは、制度としてはシンプルな日本政策金融公庫の融資を通して融資の全体像と融資を受けるために重要な実務のポイントをご説明します。

○融資を受けるまでの流れ

融資は、図表46のとおり大きく４つに分けることができます。

相談

とりあえず、概要を知りたかったり、制度の内容を確認したい場合には、電話でも相談をすることができます。

【事業資金相談ダイヤル：０１２０－１５４－５０５（受付時間平日９時～19時）】

創業計画書や必要な設備の見積書などの資料がある場合には、個人であれば創業予定地、法人であれば本店所在地を管轄する支店窓口へ出向いて相談すると、より具体的なアドバイスを受けることができます。

【図表46　融資の流れ】

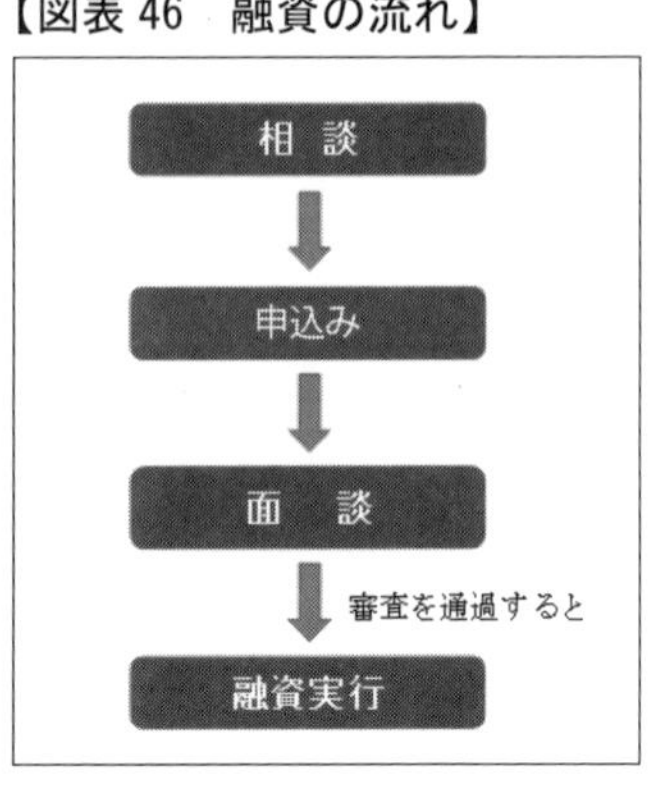

申込み

図表47の書類を用意して融資を申し込みます。

ご自身で資料を作成しなければならないのは、「借入申込

【図表47　申込みに必要な資料】

１．借入申込書　※

２．添付書類

・創業計画書　※

・設備資金を申し込む場合には、見積書

・履歴事項全部証明または登記簿謄本（法人の場合）

・担保を希望する場合には、不動産の登記簿謄本または登記事項証明書

・生活衛生関係の事業（飲食業や理美容業など）を始める場合には、都道府県知事の「推せん書」（借入金額５００万以下の場合、不要）または、生活衛生同業組合の「振興事業に係る資金証明書」

※日本政策金融公庫ＨＰでフォームと記入例をダウンロードできます。

書」と「創業計画書」です。

面談

代表者ご自身のこと（動機や経歴）、そして創業計画書に沿って「取引商品・サービス」、「取引先・取引条件等」、「必要な資金と調達の方法」、「事業の見通し」について質問されます。

面談に関しては、質問に対してどのように答えるかが非常に大切になってきますので、後でもう少し詳しく解説をします。

融資実行

無事融資が決まって、契約に必要な書類のやり取りなど手続がすべて完了すると、融資金額が指定口座に振り込まれます。

○創業計画書作成はここを押さえる！

既に第4章を読まれた方は、「想い」を落とし込んだ創業計画書の作成に必要な考え方や組立ては、おわかりいただいていると思います。

ここでは、創業計画書の具体的な書き方ではなく、作成に当たっての注意点を書いていきますが、もちろん融資が通りやすくするために計画利益を膨らます「融資用の創業計画書」を作成するということではありませんので、ご注意ください。

創業計画書は公庫のフォーマットを使ったほうがいい？

日本政策金融公庫では、創業計画書のフォーマットが用意されていますので、融資を申し込む際には、このフォーマットを使ったほうがベターではないかと考えています（日本政策金融公庫 HPより Excel ファイルまたは PDF の形でダウンロード可能です。図表48をご参照ください）。

日本政策金融公庫の担当者はみなさん以外にも多くの案件を抱えています。そのため、1つの案件に対して無限に時間を使えるわけではありませんし、質疑が行われる面談も大体1時間くらいであり、アピールできる時間は限られているのです。

このような状況を考えると、まず、みなさんの事業の内容をスッと理解してもらうには、担当者が慣れているフォーマットの創業計画書で見てもらうのが一番と思うからです。

日本政策金融公庫のフォーマットを使うとしても、ベースはあくまでも第4章でつくった創業計画書にしましょう。

一生懸命つくったその創業計画書を、担当者にわかりやすく、また、短い時間で自分の事業をアピールできるように日本政策金融公庫のフォーマットにカスタマイズするといった形で作成するのです。

なお、第4章の創業計画書のほうが事業の説明がしやすいのであれば、フォーマットは概要を書いたサマリー的な位置づけとして表紙代わりに使うというのでも構いません。

記入例を鵜呑みにしない

日本政策金融公庫ＨＰには、業種ごとに複数の記入例も用意されています（図表49をご参照ください）。ご覧いただくとわかると思いますが、随分とシンプルだと感じるはずです。

例えば、「1．創業の動機」を見ると、「これまでの経験を生かし、自分の店を持ちたいと思い、○○地区で物件を探していたところ、立地も広さもちょうど良いテナントが見つかったため」と書かれています。シンプルというより、こんな動機で事業がうまくいくのだろうか…という内容です。

記入例は、「このように書くと融資を受けられます」というものではありません。

みなさんは、限られたスペースで事業に対する熱い「想い」が伝わる密度の濃い内容を書いてください。

☆　この書類は、ご面談にかかる時間を短縮するために利用させていただきます。
　　なお、本書類はお返しできませんので、あらかじめご了承ください。
☆　お手数ですが、可能な範囲でご記入いただき、借入申込書に添えてご提出ください。
☆　この書類に代えて、お客さまご自身が作成された計画書をご提出いただいても結構です。

5　従業員

常勤役員の人数（法人の方のみ）	人	従業員数（うち家族）	人（　人）	パート・アルバイト	人

6　お借入の状況（法人の場合、代表者の方のお借入れ（事業資金を除きます。））

お借入先名	お使いみち	お借入残高	年間返済額
	□住宅　□車　□教育　□カード　□その他	万円	万円
	□住宅　□車　□教育　□カード　□その他	万円	万円
	□住宅　□車　□教育　□カード　□その他	万円	万円

7　必要な資金と調達方法

	必要な資金	金額	調達の方法	金額
設備資金	店舗、工場、機械、備品、車両など（内訳）	万円	自己資金	万円
			親、兄弟、知人、友人等からの借入（内訳・返済方法）	万円
			日本政策金融公庫　国民生活事業からの借入	万円
			他の金融機関等からの借入（内訳・返済方法）	万円
運転資金	商品仕入、経費支払資金など（内訳）	万円		
合計		万円	合計	万円

8　事業の見通し（月平均）

		創業当初	軌道に乗った後（　年　月頃）	売上高、売上原価（仕入高）、経費を計算された根拠をご記入ください。
売上高①		万円	万円	
売上原価②（仕入高）		万円	万円	
経費	人件費（注）	万円	万円	
	家賃	万円	万円	
	支払利息	万円	万円	
	その他	万円	万円	
	合計③	万円	万円	
利益①－②－③		万円	万円	

（注）個人営業の場合、事業主分は含めません。

ほかに参考となる資料がございましたら、計画書に添えてご提出ください。

（日本政策金融公庫　国民生活事業）

【図表 48　創業計画書】

創　業　計　画　書　　　　〔平成　　年　　月　　日作成〕

お名前＿＿＿＿＿＿＿＿＿＿

1　創業の動機（創業されるのは、どのような目的、動機からですか。）

	公庫処理欄

2　経営者の略歴等

	年　月	内　容	公庫処理欄
経営者の略歴			
	過去の事業経験	□ 事業を経営していたことはない。 □ 事業を経営していたことがあり、現在もその事業を続けている。 □ 事業を経営していたことがあるが、既にその事業をやめている。 （⇒やめた時期：　　年　　月）	
	取得資格	□ 特になし　□ 有（　　　　）	
	知的財産権等	□ 特になし　□ 有（　　　（□ 申請中　□ 登録済））	

3　取扱商品・サービス

		公庫処理欄
取扱商品サービスの内容	①　　　（売上シェア　　%）	
	②　　　（売上シェア　　%）	
	③　　　（売上シェア　　%）	
セールスポイント		

4　取引先・取引関係等

	フリガナ 取引先名 （所在地等）	シェア	掛取引の割合	回収・支払の条件	公庫処理欄
販売先	 （　　　　）	%	%	日〆　　日回収	
	 （　　　　）	%	%	日〆　　日回収	
	ほか　　社	%	%	日〆　　日回収	
仕入先	 （　　　　）	%	%	日〆　　日支払	
	 （　　　　）	%	%	日〆　　日支払	
	ほか　　社	%	%	日〆　　日支払	
外注先	 （　　　　）	%	%	日〆　　日支払	
	ほか　　社	%	%	日〆　　日支払	

人件費の支払	日〆　　日支払（ボーナスの支給月　　月、　　月）

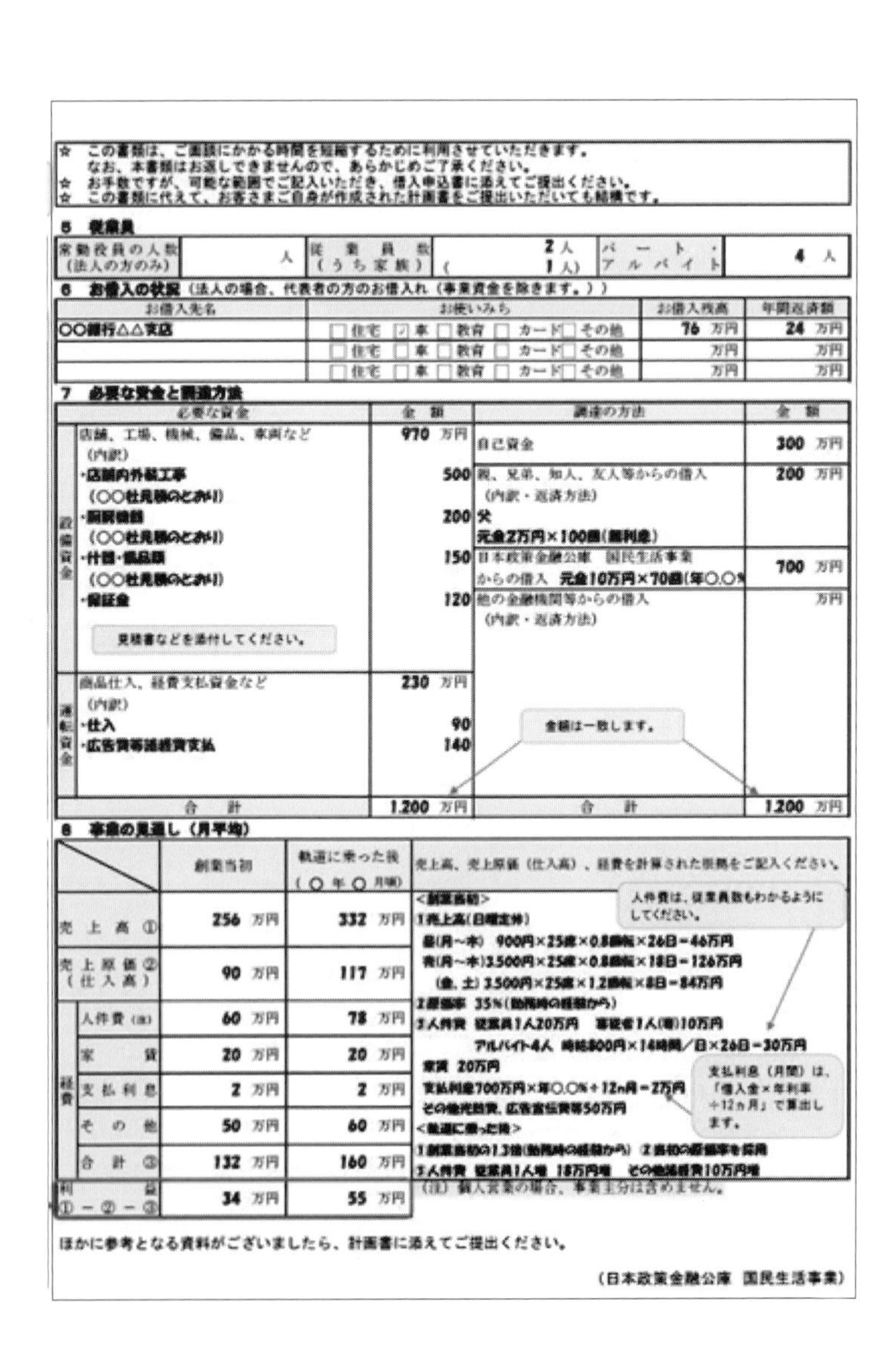

☆　この書類は、ご面談にかかる時間を短縮するために利用させていただきます。
　　なお、本書類はお返しできませんので、あらかじめご了承ください。
☆　お手数ですが、可能な範囲でご記入いただき、借入申込書に添えてご提出ください。
☆　この書類に代えて、お客さまご自身が作成された計画書をご提出いただいても結構です。

5　従業員

常勤役員の人数（法人の方のみ）	人	従業員数（うち家族）	2人（1人）	パート・アルバイト	4人

6　お借入の状況（法人の場合、代表者の方のお借入れ（事業資金を除きます。））

お借入先名	お使いみち	お借入残高	年間返済額
○○銀行△△支店	□住宅　☑車　□教育　□カード　□その他	**76** 万円	**24** 万円
	□住宅　□車　□教育　□カード　□その他	万円	万円
	□住宅　□車　□教育　□カード　□その他	万円	万円

7　必要な資金と調達方法

	必要な資金	金額	調達の方法	金額
設備資金	店舗、工場、機械、備品、車両など（内訳）	**970** 万円	自己資金	**300** 万円
	・店舗内外装工事（○○社見積のとおり）	**500**	親、兄弟、知人、友人等からの借入（内訳・返済方法）**父 元金2万円×100回（無利息）**	**200** 万円
	・厨房機器（○○社見積のとおり）	**200**		
	・什器・備品類（○○社見積のとおり）	**150**	日本政策金融公庫　国民生活事業からの借入　**元金10万円×70回（年○.○%**	**700** 万円
	・保証金	**120**	他の金融機関等からの借入（内訳・返済方法）	万円
	見積書などを添付してください。			
運転資金	商品仕入、経費支払資金など（内訳）	**230** 万円		
	・仕入	**90**		
	・広告費等諸経費支払	**140**		
合計		**1,200** 万円	合計	**1,200** 万円

金額は一致します。

8　事業の見通し（月平均）

	創業当初	軌道に乗った後（○年○月頃）	売上高、売上原価（仕入高）、経費を計算された根拠をご記入ください。
売上高①	**256** 万円	**332** 万円	**<創業当初>** **1 売上高（日曜定休）** **昼（月～木）　900円×25席×0.8回転×26日＝46万円** **夜（月～木）3,500円×25席×0.8回転×18日＝126万円** **（金、土）3,500円×25席×1.2回転×8日＝84万円**
売上原価②（仕入高）	**90** 万円	**117** 万円	**2 原価率　35%（勤務時の経験から）**
経費　人件費（注）	**60** 万円	**78** 万円	**3 人件費　従業員1人20万円　事業者1人（妻）10万円** **アルバイト4人　時給800円×14時間／日×26日＝30万円**
経費　家賃	**20** 万円	**20** 万円	**家賃　20万円**
経費　支払利息	**2** 万円	**2** 万円	**支払利息700万円×年○.○%÷12ヵ月＝2万円**
経費　その他	**50** 万円	**60** 万円	**その他光熱費、広告宣伝費等50万円** **<軌道に乗った後>**
経費　合計③	**132** 万円	**160** 万円	**1 創業当初の1.3倍（勤務時の経験から）　2 当初の原価率を採用** **3 人件費　従業員1人増　18万円増　その他諸経費10万円増**
利益①－②－③	**34** 万円	**55** 万円	（注）個人営業の場合、事業主分は含めません。

人件費は、従業員数もわかるようにしてください。

支払利息（月間）は、「借入金×年利率÷12ヵ月」で算出します。

ほかに参考となる資料がございましたら、計画書に添えてご提出ください。

（日本政策金融公庫　国民生活事業）

【図表49　創業計画書・記入例】

創 業 計 画 書　【記入例】

〔平成　○ 年　○ 月　○ 日作成〕

お名前　○ ○ ○ ○

創業のきっかけ、経歴、技術、事業の特徴などのポイントを記入してください。

1　創業の動機（創業されるのは、どのような目的、動機からですか。）

	公庫処理欄
・これまでの経験を生かし、自分の店を持ちたいと思い、○○地区で物件を探していたところ、立地も広さもちょうど良いテナントが見つかったため。	
・現勤務先の仕入業者から、多品種の酒を安く仕入できることになり、事業の見通しが立ったため。	

2　経営者の略歴等

	年月	内容	公庫処理欄
経営者の略歴	平成○年○月～	居酒屋○×△3年勤務（学生時代のアルバイト先に、その後勤務）	
	平成○年○月～	ダイニングキッチン○○（洋風居酒屋チェーン）9年勤務	
		3年前から店長（現在の月給30万円）	
	平成○年○月	退職予定（退職金70万円）	
	過去の事業経験	☑ 事業を経営していたことはない。 □ 事業を経営していたことがあり、現在もその事業を続けている。 □ 事業を経営していたことがあるが、既にその事業をやめている。 （⇒やめた時期：　　年　　月）	
	取得資格	□ 特になし　☑ 有（ 調理師免許（平成○年○月取得） ）	
	知的財産権等	☑ 特になし　□ 有（　　　（□ 申請中　□ 登録済 ））	

3　取扱商品・サービス

		公庫処理欄
取扱商品・サービスの内容	① 昼　日替わりランチ（4種類／ドリンク・デザート付（売上シェア　18　%） 900円	
	② 夜　一品料理　350円～1,000円（旬の素材を（売上シェア　82　%） 利用した創作料理）、ドリンク　400円～1,000円　客単価3,500円	
	③　（売上シェア　　%）	
セールスポイント	・ワイン、ビール、オリジナルカクテル等200種類のドリンクを提供する。 ・隠れ家的な雰囲気のある店構えにする。 ・月1回、友人の協力でアコースティックギターの生演奏会を予定している。	

4　取引先・取引関係等

	フリガナ 取引先名 （所在地等）	シェア	掛取引の割合	回収・支払の条件	公庫処理欄
販売先	一般個人 （ ○○地区周辺の会社員、学生 ）	100 %	%	即金　日〆　日回収	
	⇒店舗は、商業ビルが立ち並ぶ路地裏に位置する。周辺にセレクトショップ等があり、人通りが多い。 （　　）				
	ほか　社	%	%		
仕入先	△△サケテン（カ △△酒店（株）（○○区○○） （ 現勤務先の仕入先 ）	50 %	100 %	末　日〆　翌月末　日支払	
	カ）××ショクヒン （株）××食品（○○区○○） （ 現勤務先の仕入先 ）	50 %	100 %	末　日〆　翌月末　日支払	
	ほか　社	%	%		
外注先	 （　　）	%	%	日〆　日支払	
	ほか　社	%	%	日〆　日支払	
人件費の支払	末　日〆　翌月末　日支払（ボーナスの支給月　月、　月）				

・販売先・仕入先との結びつきがあれば記入してください。契約書・注文書などがあれば添付してください。
・販売・仕入条件について確認しておく必要があります。立地選定理由についても触れてください。

・借入金の返済元金はここから支払われることになります。
・個人営業の場合、事業主分の人件費はここに含まれます。

付属資料をつける

フォーマットの右下の欄外には、「ほかに参考になる資料がございましたら、計画書に添えてご提出ください。」と書かれています。

さすがにフォーマットの限られたスペースだけでは、事業の組立てや事業の見通し（損益計画など）の具体性や実現性を表現することは難しいです。ここは、欄外に書かれていることを見逃さず、商品・サービスの詳細や損益計画書の数字の根拠資料をつくって提出しましょう。

ただし、前述したとおり、できるだけ簡素で担当者に伝わりやすいに越したことはありません。付属資料は、数枚程度とし、数十ページになど多くなり過ぎないよう気をつけてください。

○面談ではここに注意！

申込みが終わると、日程を調整して日本政策金融公庫の支店で面談が行われることになります。そして、面談を行うのは、もちろん代表者であるみなさんです。原則として、他の人に代わってもらうことはできないので、次の注意事項を念頭に置いて面談に望んでください。

事業を簡潔でわかりやすくす説明できるようにする

面談は、基本的に創業計画書に沿って進められます。計画書の内容を担当者が理解しやすいよう、できるだけ簡潔に説明できるように準備していきましょう。

なお、みなさんが一般の人にはわかりにくい特殊な事業を始めようとしているのであれば、なるべく専門用語を使わず、できるだけ噛み砕いて事業を説明できるようにしておいたほうがいいです。

創業計画書と返答に一貫性を持たせる

当たり前のことですが、創業計画書とつじつまが合わないことを返答しないようにすることも大切です。書いてあることと言っていることが違うと、創業計画書はよく見えるように書いていると思われても仕方ないですよね。

これを防ぐには、面談で緊張しても創業計画書に書いてあることに少し補足するくらいで、空で説明できるくらい創業計画書をじっくりと考えてつくり込むことが大切です。

困ったときでも「これがあれば大丈夫」という拠り所があれば、面談にもどっしりとした気構えで向かうことができるでしょう。

聞かれていないことは話さない

面談時は、「聞かれたことだけ」に対して返答することを心がけることが必要です。どうしても聞かれていない本題から逸れた話までしてしまう方がいらっしゃいますが、冗長で論点がわかりづらく、相手に内容が伝わりづらくなってしまいます。

また、こちらは何もやましいことがなくても、余計に話した部分で審査において悪く評価されるともあるかもしれません。
「聞かれたことに対してだけ、適格に答える」ということを忘れないようにしましょう。

服装は清潔に

基本的にスーツがよいと思いますが、それぞれお仕事で着られている服装があれば、その服装でも結構です。やはり、第一印象は非常に大事ですから、清潔感のある服装を心がけましょう。

5 創業融資Q&A

創業融資を受けるに当たって、よく疑問になることをピックアップしてQ&Aで解説します。

Q1 融資を受けるには、個人事業主より法人にしたほうが有利か?

A 創業融資に関しては、法人個人であまり変わりません。
以前は、株式会社であれば1,000万円、有限会社であれば300万円の資本金を用意しなければ法人を設立できなかったのですが、会社法改正により1円からでも会社は作れるようになったため、形だけ法人にするというのは容易にできてしまいます。

今でも個人事業主より法人のほうが信用力があるといわれていますが、簡単に法人が設立できるようになった以上、資本金1円の会社も含めて法人が無条件で信用があるとはいえないと思います。創業融資の観点からも、法人であるということ「だけ」で融資を受けるに当たって有利になるとは考えないほうがいいでしょう。

例えば、創業資金総額が1，０００万円かかるとして、Aさんは自己資金を５００万円用意できており、Bさんは１００万円しか用意できていないとします。

Bさんは、１円から法人を設立できるので法人をつくりました。すると、自己資金を創業資金総額の2分の1用意しているAさんより10分の１しか用意していないBさんのほうが融資を受けやすくなりました。ということなどあり得ないというのは、おわかりいただけると思います。

Ｑ２　資本金は、いくらくらいがいいか？

A　少なくとも１００万円以上、できれば３００万円以上というのが目安の一つと考えられます。

まず、資本金に対する一般的な考え方ですが、資本金は、会社のスタート時の基礎体力を表します。資本金（元手）10万円の法人と資本金（元手）１００万円の法人であれば、第三者から見たら、やはり１００万円の法人のほうが信用力は高くなるでしょう。１００万円というのは、あくまで喩えですが、できれば3か月から6か月くらいの運転資金は、資本金でまかなえるようにしておきたいものです。

融資の観点からは、300万円というのが一つの目安ではないでしょうか。Q1でも書きましたが、以前は最低でも300万円以上なければ法人を設立することができませんでした。キチンと300万円以上の資金を用意して事業を始めるからこそ社会的信用の一つとされていたのです。このような以前からの経緯を考えると、300万円以上あれば金融機関からの信用を得られるというのも一つの考え方といえるでしょう。

また、「2015年度新規開業実態調査（日本政策金融公庫総合研究所）」では、日本政策金融公庫が融資した開業後1年以内の企業の資金調達のうち、自己資金の金額は平均311万円とされています。自己資金≒資本金と考えると、日本政策金融公庫の資料からも300万円以上というのが目安になるといえるのではないでしょうか。

ただ、資本金が「1，000万円未満（1，000万円は×）」でないと、設立第1期目から消費税の納税義務が発生してしまうので注意が必要です。許認可などで資本金要件に引っかからないのであれば、資本金は1，000万円未満としたほうが税務面で有利となります。

Q3　親族から受けた資金は、自己資金になるか？

A　ケースにより異なりますが、そのお金が「借りた」ものであれば、自己資金として認められにくいと思ったほうがいいでしょう。

　何が自己資金となるかは、特に明確な規定があるわけではないので絶対とは言えませんが、可能性があるとすれば、親族から受けた資金が「贈与」によるときです。贈与契約書（できれば公証人役場で確定日付を取ったほうがいい）や通帳などで、本当に贈与であると示すことができれば、自己資金と認められることもあると考えます（必ずではありません）。

　なお、この場合には、贈与された資金が１１０万円を超えると贈与税の対象になってしまうことにも注意しなければなりません。

Ｑ４　創業融資を申し込むタイミングはいつがいいか？

Ａ　事業を始める前には申込みをするのが一番です。できれば、法人設立直後など、準備期間の早い段階には行っておいたほうがいいです。
　なるべく借入れをしないで始めたいとの思いから、借入れをしない方もいますが、いざ事業を始めてみると、思ったとおりに売上が上がらず、資金繰りが苦しくなる可能性はゼロではありません。

　このような方が、創業融資を受けたいとなった場合、審査を通過するのは容易ではありません。なぜなら、事業がうまくいっていないという実績ができてしまっているからです。

　それでは、事業を始める前はどうでしょう。まだ、実績は当然ないので、創業計画書（見込み）

だけで融資の審査が行われます。

どちらの方が融資を通過しやすいかを検討すると、事業を始める前に分があると考えられませんか。

このような可能性を事前に知っておき、リスクヘッジとして創業融資制度を活用することを検討するのも経営者としては必要なことです。

Q5　日本政策金融公庫で融資を断られた場合、どうしたらよいか？

A　融資を断られた場合には、自治体の創業融資に申し込むか、日本政策金融公庫に再度申し込むかを検討するしかありません。

どちらにしろ、断られたということは、何か原因（自己資金が足りないのか、創業計画書の記載が甘かったのかなど）があるはずですから、その原因を考えて改善してからでないと、次の申込みはやめたほうがいいということだけは、肝に銘じておいてください。

そのため、万が一断られても原因を後から検証できるように、①日本政策金融公庫に提出する創業計画書はコピーの控えを保管しておくこと、②面談で担当者が突っ込んできたところはメモしておく、などのことはしておいたほうがよいと考えます。

第6章

事業を長く続けるために大切なこと【経営行動の習慣化】

1　事業を継続するためのヒント

○最初の「想い」を強く意識し続ける

事業を継続するためには何が必要か

自分がどのような価値観で、どう生きていきたいか、そして、事業で何をどう実現させていきたいのかを考え抜いて、みなさんは「想い」を形にしてきました。

この「想い」を自分自身強く意識し続けて、従業員にも浸透させることができれば、事業が継続できる可能性は格段に高まります。

何の考えも持たずに何か物事を成し遂げることできません。人は、「想い」を持つことで、それを実現するための過程、方法を自然と考えるようになり、そしてその意識が高ければ高いほど、何かに打ちのめされそうになったとしても、立ち向かっていくガッツが溢れてくるのです。

根性論かと思われる方もおられるかもしれませんが、何かを成し遂げるときは、何よりも気持ちが大事です。

気持ちだけではダメですが、逆にいいアイデアだけあっても、事業は長く続きません。そのアイデアを活かして、事業を正しい方向に向けて突き動かす気持ち（「想い」）という原動力がないと、長続きできないのです。

やはり最後は「想い」に行き着く

どんなに緻密に事業計画書をつくっても、いざ事業を始めて見ると、物事が予定どおりにいかないことは多々あります。

特に、売上は、実績に基づいてではなく、全くの白紙から計画したのですから、どんなに実現可能性が高いと思える計画をつくっても、目論見どおりにいかないことだってあるわけです。

計画より下振れしてしまったときは…、売上は上がらなくても給料の支払いや家賃の支払いなどは待ってくれないですから、預金の残高はどんどん減っていくのを見ているだけ…。そんなときは、本当に苦しいものです。

しかし、そんなときでも、いえ、そんなときだからこそ、「想い」を意識し続けることが大切です。苦しいときに「大変だ」と騒いで、ただ時が過ぎていくのを待っているだけの状態と、「想い」を実現するために何か方法があるのではないかと知恵を絞り続けるのとでは、その先が大きく違ってきます。

最初からうまく軌道に乗ったとしても同じです。

最初の「想い」を忘れ、利に走ると、どこかで無理が生じます。規模や利益だけを追求して急拡大しても、倒産してしまう事例は多くあります。そのような企業を見ているとわかるのではないでしょうか。

最後は、一本筋が通った「想い」を常に意識して経営しているかに行き着くのです。

意識し続けることの難しさ

ただ、最初は熱い「想い」を持って起業する人は多いですが、それを継続して経営している起業家は少ないと感じています。

初めて興した事業で目の前の仕事に精一杯で「想い」を意識する余裕などない人、事業が軌道に乗って成功体験を繰り返すうちには「想い」を忘れてしまう人、様々な人がいます。

他の起業家がなかなか実践できていないのですから、「想い」を意識することを続けるだけでもそれは立派な会社の個性となり、他との差別化が図れます。また、「想い」を大切にし続けていれば、その信念は前述したとおり苦しいときの突破口になるはずです。

「想い」を強く持ち続けて経営することを忘れないでください。

確認を習慣化する

継続するには、「想い」の確認を習慣化することが一番です。

- 朝起きたときに言葉に出して言う。
- ノートに書き出す。

・スマホのリマインダーに登録して毎日決まった時間に表示されるようにする。
どのような方法でも、常に確認できる環境がつくられればＯＫですが、「慣れ」で形式だけにならないようにすることが大切です。

○経営に関する数字を読めるようになろう

数字アレルギーの経営者は×

事業を始める前には事業計画書をつくりましたが、実際に事業を始めてからは、より細やかに数字管理をすることが「とても」大切になります。

「何とか起業時に創業計画書をつくったものの、数字を見るのが苦手で事業計画書はつくりっ放し、事業開始後の業績は年に1度の決算時にしか見ないと」いうのでは、1年間ざっくりとした感覚で経営するしかありません。

このような勘だけに頼ったどんぶり勘定では、事業を長く続けることは難しいと思いませんか。これでは、何か不測の事態が起こったときに、何の対処もできません。もし、続けられたとしても、安定した経営を長期間続けることは難しいでしょう。

事業状況は経営資料で確認できる

詳しくはこの後説明していきますが、経営資料では、計画どおりに事業は進んでいるのかを検証したり、日々のお金の流れが確認できたりと、自社の現在の状況を把握することができます。

そして、自社の状況を把握することで、よりよい方向に事業を進めるための必要な手を迅速に打つことができるようになるのです。

伝票の入力など、細かい資料のつくり方まで知る必要はありませんが、数字が苦手でも1か月に1度は経営資料を見て、自分の事業が今どのような状況にあるのかを確認することは、経営者として必ず行うようにしてください。

○ＰＤＣＡサイクルをキチンと回す

ＰＤＣＡサイクルとは

ＰＤＣＡサイクルとは、もともと品質管理など管理業務を円滑に進めるための手法でしたが、近年では、企業の活動を管理するフレームワークとして使われることも多くなっています。

「Ｐｌａｎ（計画を立てて）」→「Ｄｏ（計画を実行し）」→「Ｃｈｅｃｋ（実行した結果を検証）」→「Ａｃｔｉｏｎ（改善・見直しをする）」→「Ｐｌａｎ（また計画を立てる）」→・・・といった作業を繰り返すことで業務の最適化を図ります（図表50参照）。

ＰＤＣＡサイクルを使う

事業を始めたばかりの会社は、実際に事業を運営して出た実績の数字と損益計画書で計画した数

【図表50　ＰＣＤＡサイクル】

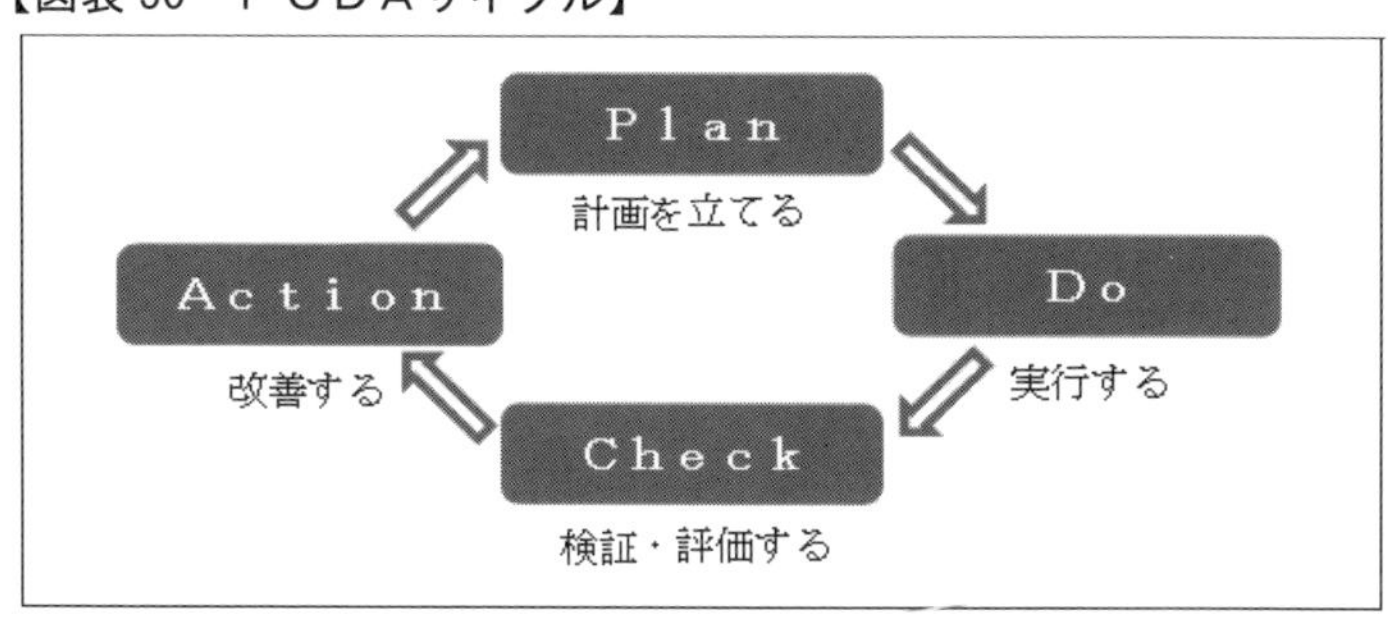

字が大きく違ったり、つくった作業プロセスがとても効率が悪かったなど、想定外のトラブルが発生しやすいですから、このフレームワークをうまく使って問題を解決していくとよいと考えます。

イメージとしては、次のような形で使います。

例えば、計画した売上が１００万円（Ｐ）のところ、実際は売上が50万円しか確保できなかった（Ｄ）としましょう。

次に、実行の結果を受けて、売上が半分となってしまった要因を検証します（Ｃ）。

売上の減少であれば、そもそもビジネスモデルの組立てが悪かったのか、売上計画の立て方が甘かったのか、それとも広告や営業の効果がほとんどなかったのが原因かもしれません。このように、いろいろな仮説を立てて、要因を分析していきます。

そして、検証の結果、売上減少の要因がわかったら、改善策を考えて（Ａ）、それに基づき、また計画（Ｐ）をして実行していく。この繰り返しです。

１度では解決できずに何度も試行錯誤することもありますが、このプロセスを続けることで問題は解決に向かいますし、その過程でみなさんの事業の組立てや業務の仕組みはどんどんブラッシュアップされていきます。

10年、20年の事業を続けようとするのであれば、その間に内部環境、外部環境は必ず変化します。その変化に対応して生き残るためにもＰＤＣＡサイクルを使いこなして、強い会社をつくりましょう。

2　お金の流れを常に意識して経営しよう

○お金の流れが会社の生死を決める

資金繰り経営とは

資金繰り経営とは、業績として表される利益だけでなく、現預金など実際のお金の流れを重視する経営をいいます。

事業資金は、仕入や経費の支払いで出ていき、売上でまた戻ってくるという形で常に回転しているため、よく会社の体内をぐるぐる回る血液に似ているといわれます。

会社は、赤字が続いても、血液であるお金さえ回っていれば、事業を継続することができますが、逆に黒字会社でもお金流れが止まれば、会社は倒産してしまうのです。

このようにお金の有無は、会社の生死に直結しますから、お金の流れを把握して経営することは、利益の確保と同じくらい、時にはそれ以上に重要であることを理解しておきましょう。

黒字でもお金がなくなれば倒産する

先に書いたとおり、利益が出ていても、資金が底をついて倒産（「黒字倒産」といいます）してしまうことがありますが、どのような原因で倒産してしまうのでしょうか。

黒字倒産は、代金の入金と支出のタイミングから生じる支払不能状態により起こります。お金の出入りのタイミングで、資金不足がどうして起こるのかについては、少しわかりづらいので、一緒に見ていきましょう。

現金商売を除くと、ほとんどの会社は、商品や材料を仕入れて、その商品や材料を加工した製品を売ることで事業活動を行い、その代金の決済は通常1か月以上後となります。

会計では、商品の売買をしたときに、売上と仕入が認識されて利益が計上されますが、この利益は取引で儲けたかどうかを表しているだけです。売上代金の入金は、通常1か月以上後になりますから、利益の金額分のお金がすぐに増えるわけではありません。

売上代金が入金されるまでの期間は、仕入代金や経費の支払いをして先払状態となるため、資金繰りは悪化します。この資金繰りが悪化した期間に、手許の自己資金で先払いのお金を賄うことができないと、お金が底をついて倒産という形になってしまうのです。

このようにお金を先払いする負担に耐えられないときに、黒字倒産になることは、知っておかなければいけません。売上が増えれば増えるほど、その前に仕入が増えていきますから、先払いするお金（資金負担）が増えてしまうのです。

キチンと理解していれば、運転資金の借入れなど、適切な対応を取ることができますが、ただ売り続けるだけだと、黒字倒産が待っているかもしれません。苦しいときはもちろん、好調であるときも含めて、常にお金の流れを把握することは、事業を継続する上で欠かせないことなのです。

資金繰り表でお金の流れをチェックするメリット

お金の流れを見る経営資料には、「キャッシュフロー計算書」、「資金繰り表」があります。「資金繰り表」のほうが作成に少し手間がかかるため、一般的には「キャッシュフロー計算書」を使うことが多いです。

しかし、これから事業を始める方を対象とする本書では、次のメリットがあることから、「資金繰り表」でお金の流れを確認することをおすすめしたいと思います。

(1) お金の動きが把握しやすい

「キャッシュフロー計算書」は、一定期間の財務諸表の動きをもとに作成しますが、「資金繰り表」は、実際のお金の流れに即して作成していきます。

起業当初は、資金が少ない場合が多いですから、万が一にも入出金のタイミングで資金が底をつくことを防ぐ必要があります。そのためには、お金の流れに即してつくられる「資金繰り表」を作成しながら、お金の動きを把握するのが向いています。

⑵　将来のお金の動きの予測に向いている

「キャッシュフロー計算書」は、前月のお金の増減要因など過去情報を表すものですが、「資金繰り表」は、お金がどう動いたかという過去情報を表すこともできますし、その延長として損益計画書や支払条件などの前提条件から将来のお金の動きを予測することができます。

過去・現在・未来を見ることができますから、将来における資金のリスクを察知して、対処できるのです。

○資金繰り表をつくろう

資金繰り表の構成

図表51をご覧ください。これが資金繰り表のフォーマットです（項目は必要に応じて追加してもOKです）。

まず、このフォーマットで資金繰り表の構成を見ていきます。

①前月より繰越……現預金の前月末残高（＝月初の残高）を記載します。ここがスタートです。
②営業収入合計……その月の現金売上や売掛金の回収額の合計を記載します。
③営業支出合計……その月の現金仕入、買掛金、人件費や経費の現金支払額の合計を記載します。
④営業収支………営業活動でいくら資金が増えたのか減ったのかを表しています。この営業収支

【図表51　資金繰り表の様式】

		4月	5月	6月	7月	8月	9月
		実績	実績	予測	予測	予測	予測
①前月より繰越							
（営業収支）							
収入	現金売上						
	売掛金回収						
	受取手形取立						
	その他収入						
②営業収入合計							
支出	現金仕入						
	買掛金支払						
	支払手形決済						
	人件費						
	その他支出						
	利息支払						
	税金支払						
	預り金支払						
③営業支出合計							
④営業収支（②-③）							
（財務収支）							
収入	借入金						
	その他収入						
⑤財務収入合計							
支出	借入金返済						
	その他支出						
⑥財務支出合計							
⑦財務収支（⑤-⑥）							
翌月繰越（①＋④＋⑦）							

のマイナスが続くといくら利益を計上していても「黒字倒産」になる可能性が出てきてしまいます。

⑤財務収入合計……借入金の入金などの合計を記載します。

⑥財務支出合計……借入金の返済額などの合計を記載します。

⑦財務収支…………金融面での資金の増減を表します。

⑧翌月繰越…………①の前月繰越から月中の資金の増減を経て、月末にいくら資金が残っているかを表します。

実績部分の記載方法

実績部分の記載の仕方は、非常にシンプルです。

お金の流れを記録していくのですから、原則として現金出納帳と預金出納帳から資金繰り表のフォーマットの項目ごとの金額を集計して転記することで作成できます。会計ソフトから仕訳データをＣＳＶなどで切り出すと、集計を効率的にできるでしょう。

なお、集計が終わったら、一番下の翌月繰越の残高と月末の現預金の合計額が一致することを確認して、集計に重複や漏れがないかを確認するようにしてください。

予測部分の記載方法

予測部分を記載すると、数か月後の資金の残高の予測ができますから、「このままいくと2か月

【図表52　損益計画書から資金繰り表をつくる】

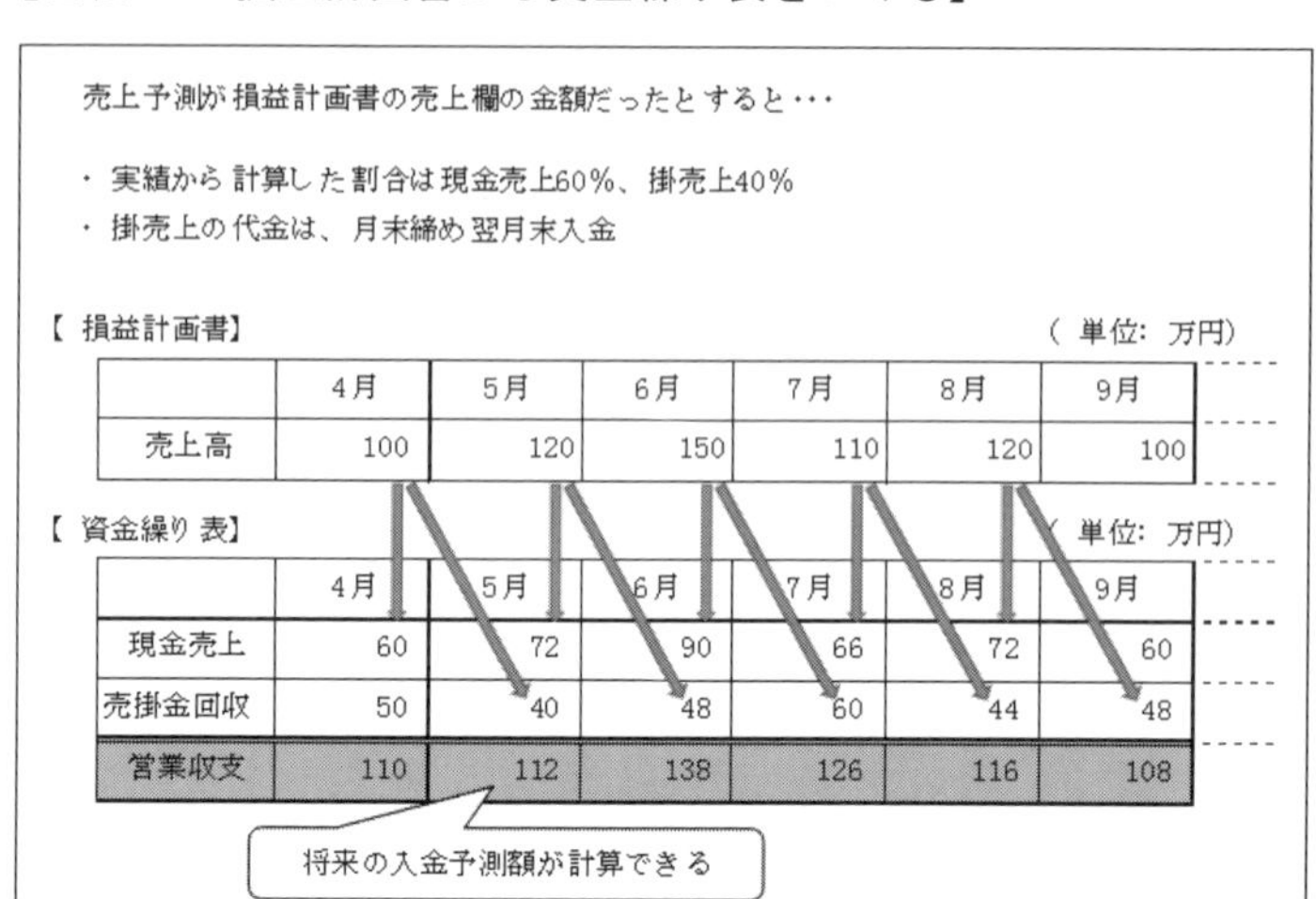
売上予測が損益計画書の売上欄の金額だったとすると・・・

・実績から計算した割合は現金売上60%、掛売上40%
・掛売上の代金は、月末締め翌月末入金

【損益計画書】（単位：万円）

	4月	5月	6月	7月	8月	9月
売上高	100	120	150	110	120	100

【資金繰り表】（単位：万円）

	4月	5月	6月	7月	8月	9月
現金売上	60	72	90	66	72	60
売掛金回収	50	40	48	60	44	48
営業収支	110	112	138	126	116	108

後に現預金残高が底をつくから資金調達をしなければならない」などの危険をいち早く察知することができるようになります。

資金繰り表は、予測を入れてこそ効果を発揮するといえます。

それでは、予測部分を記載するために必要な材料を解説しますが、基本的に第4章で作成した損益計画書や売上計画などの予測金額がベースとなることを押さえてきましょう。

(1) 売上にかかる収入の予測（図表52）

まず、売上を現金売上と掛売上に分けます。売上の分類を行うには、過去の実績で1か月の売上のうちにそれぞれの占める割合（実績がなければ予測の割合）を調べるといいでしょう。

そして、現金売上はその月の現金売上欄に記載し、掛売上はその回収サイトに応じて入金される月の売掛金の回収欄に記載するのです。

その後、５月も同じように記載していくと５月の入金予定額が判明します。このようにして、将来のお金の動きを明らかにしていくのです

次のように、売上予測に一定の割合を乗じていつ入金するかを計算しますから、エクセルで損益計画書の予測売上高を参照して計算式をつくると手間が少なくつくれます。

なお、得意先別や商品別に予測を積み上げて売上計画をつくっている場合には、より細かく収入の予測をすることができます。

この場合、取引先や商品ごとに収入予測をすると表が複雑になりますから、あらかじめ入金サイトごと（30日後回収、60日後回収など）に分類してから資金繰り表に転記させると、表がシンプルになってカスタマイズがしやすくなります。

⑵　仕入にかかる支出の予測

仕入にかかる支出についても、⑴の収入予測と同様の方法で予測していきます。

合理的な割合を設定して現金仕入と掛仕入の金額を、それぞれ現金仕入欄、買掛金支払欄に記載してみましょう。

⑶　人件費支出の予測

損益計画書で４月分５月払いの人件費を４月に経費計上（発生ベース）している場合には、資金繰り表では、５月の人件費にスライドさせる必要があります（図表53参照）。

一方、損益計画書で５月に支払う人件費は、５月で経費計上（支払ベース）している場合には、

【図表53　損益計画書から資金繰り表の人件費を予測する】

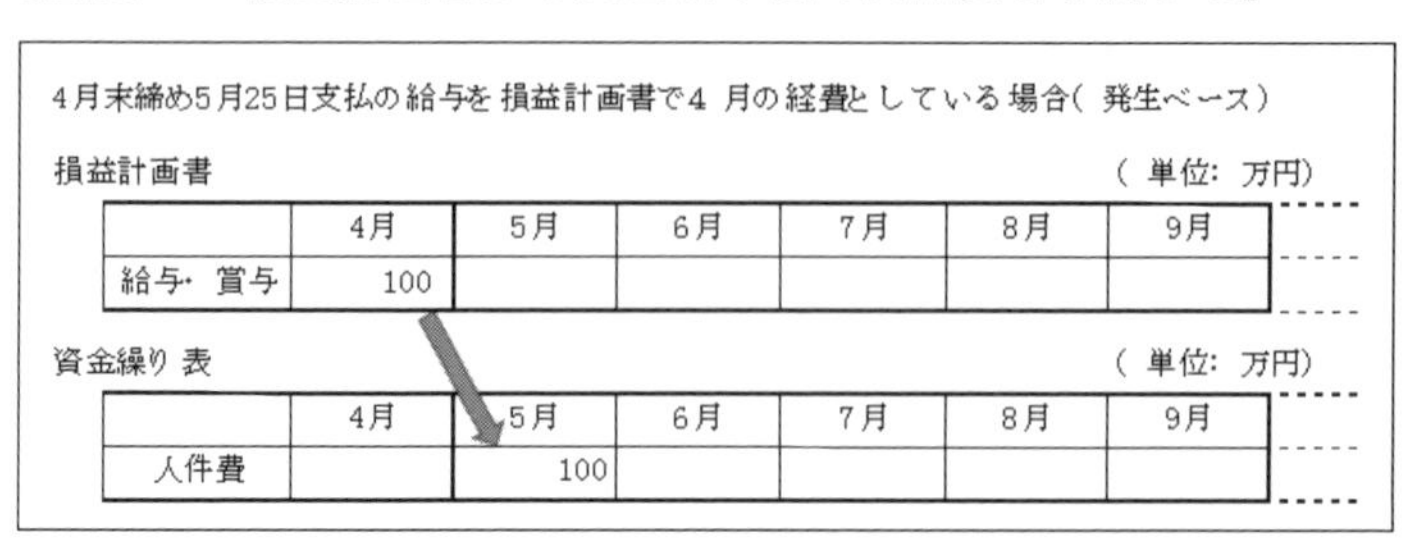
4月末締め5月25日支払の給与を損益計画書で4月の経費としている場合（発生ベース）

損益計画書　（単位：万円）

	4月	5月	6月	7月	8月	9月
給与・賞与	100					

資金繰り表　（単位：万円）

	4月	5月	6月	7月	8月	9月
人件費		100				

損益計画書の金額をそのまま転記します。

(4) その他の経費支出の予測

金額が大きいなど重要性の高いと判断されるもの以外は、損益計画書に記載されている月に支払いがあるものとして予定欄を埋めればよいでしょう。

(5) 財務収入の予測

借入れや補助金による収入が見込まれる場合には、見込額を記載します。

(6) 財務支出の予測

主に使うのは借入金返済欄ですが、ここには返済する借入金の元本を記載します。

○将来資金不足になると予測されたら…

資金繰り表を作成して、将来の翌月繰越（資金繰り表の一番下の金額）がマイナスや極端に少なくなると予測される場合には、できるだけ早く対応を考えなければいけません。

対応としては、社内体制の見直しと外部からの資金調達が考えられます。

社内体制の見直し

⑴　取引条件の変更

①　売掛金の回収サイトを短縮する

②　買掛金の支払サイトを延長する

通常、仕入代金を先に支払い、売上代金はその後に回収されます。もらうものは早く、支払うものは遅くするというように取引条件を変更することで、資金負担（先払いの仕入代金）を減らすことができます。

ただし、支払サイトを延長することは、取引先の信用を大幅に損ねるリスクがあるので、慎重に行うようにしましょう。

⑵　在庫の圧縮

過大に在庫抱えることは、仕入代金を払っても売上代金が入ってこないわけですから、資金繰りが苦しくなる要因になります。逆に、在庫が過大となっているときに在庫を圧縮すれば、将来の資金負担を減らすことができます。

⑶　自社資産の売却

使用していない資産や保有している株式を売却することにより資金を生み出します。

(4) 経費の圧縮

人件費や固定費の削減を行うのも1つの方法です。

資金繰り対策を行うのであれば、固定費の削減は鉄則です。まだ少し余裕があるのであれば、提供する価値への影響を考えながら、直ちに対処が必要なら優先順位を考えてできるものすべてと、そのときの状況に応じて固定費の削減をしていくことになります。

なお、人件費の削減のうち、役員報酬以外の社員の給与の遅れやカットは、モチベーションの大幅な低下や離職による人材の流出により内部崩壊するリスクがありますから、最後の手段と思ってください。

外部からの資金調達

(1) リスケの交渉

リスケとは、既存の借入金の返済額の減額や借入期間の延長を銀行にお願いすることをいいます。事業では利益を確保できているが、銀行への返済額が多く資金繰りが悪化しているという場合には有効です。

ただ、リスケは、借りたお金を返済するという銀行との約束を破ることですから、交渉が厳しいものになることは、覚悟しなければいけません

(2) 役員からの借入れ

役員が会社にお金を貸す（入れる）というのも、資金繰り対策の1つとなります。役員がお金を入れて資金繰りの問題が解消されればよいのですが、次のことには気をつけるようにしましょう。

① そもそも、お金を入れて事業が持ち直すかを見極める必要があります。ただの延命措置なのであれば、傷が浅いうちに早期撤退ということも視野に入れることも必要です。

② 役員借入金は、役員の相続税の計算で財産として課税対象となってしまいます。資金繰りの危機を乗り越えられたら、返済して残高を減らす必要があることを知っておきましょう。

3　数字で事業を理解する

○会社の実態の把握から始める

月次決算の重要性

月次決算とは、毎月の経営成績や財政状況を明らかにするために行う月々の決算のことをいいます。実務的には、1か月間の通帳、売上、仕入の請求書、経費の支払いに関する領収書などをもとに、会計ソフトに入力して「貸借対照表」と「損益計算書」を作成することになります。

月次決算の利点は、今月は利益がいくら出たか、資金はいくらあるか、今後入ってくるお金や支払うお金はいくらかなど、直近の会社の経営状態を把握することができるので、早い時期に適切な

【図表54　貸借対照表と損益計算書】

貸借対照表…	一定時点（月次決算では月末）におけるストックを表すものです。 会社の資金や借入金がいくらあるかがわかります。
損益計算書…	一定期間（月次決算では1ヶ月）における利益を示すものです。 事業計画書の時に作成した損益計画書の①～⑩までの部分と同じ表です。

経営判断ができることです。

年に1度しか業績を確認しないようなどんぶり勘定では、何か対策が必要な問題が起こっていても気づくことができません。

月次決算を行って会社の状態を把握することは、事業を継続するための基礎ですから必ず行うようにしましょう。

月次決算をするときの注意点

月次決算を行うときは、最低限次の点に注意することが必要です。会計事務所に会計処理を依頼するとしても、経営者であるみなさんが、資料作成に当たってのポイントをチェックできるようしておくことは大切なことです。

(1)　発生ベースで処理する

月次決算は、発生ベースで行うのが大原則です。

現金（入金、出金）ベースで処理をすると、適正な月の利益が集計できません。厳密には細かいルールがありますが、売上は請求書を発行したときに、仕入、経費は請求書を受け取ったときにそれぞれ計上するようにしましょう。

図表55の設例でイメージしてみてください。発生ベースにしないといけない理由がおわかりいただけると思います。

【図表55　月次決算（発生ベースと現金ベース）】

（設例）

次の条件で取引行ったときの発生ベース、支払ベースでの利益を見てみます。

・４月分の仕入　60万円（支払は5月31日）
・４月分の売上　100万円（入金は6月30日）

１．発生ベース　（単位：万円）

	４月	５月	６月
売上	100		
仕入	-60		
利益	40		

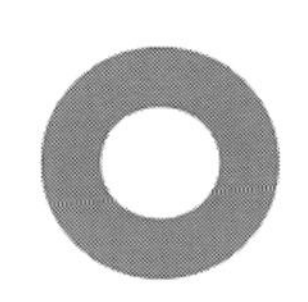

４月に売り上げたものと４月に仕入れたものが対応しているため、適正な利益が計算できる。

２．現金ベース　（単位：万円）

	４月	５月	６月
売上	110		100
仕入	65	-60	
利益	45		

４月の売上と仕入がバラバラに計上されてしまう・・・。
また、４月に記載されているのは、２月の売上の入金額と３月の仕入の支払額で利益欄の金額45万円は意味を持たない。

⑵　仮払金、仮受金は基本的に使わない

本来、経費や売上とすべきものを計上すべきかの精査せずに、仮勘定で処理したままにすると、決算のときに利益が大幅に変動する可能性があります。必要なとき以外は使わないようにしましょう。

⑶　金額が大きい費用は月割り計上する

減価償却費、賞与や年払いの保険料など、年に1度か2度の発生で多額になるものは、支払った月に多額の費用が生じることになって、経営実態が見えづらくなってしまいます。

【図表56　見積額を12か月で割って費用計上】

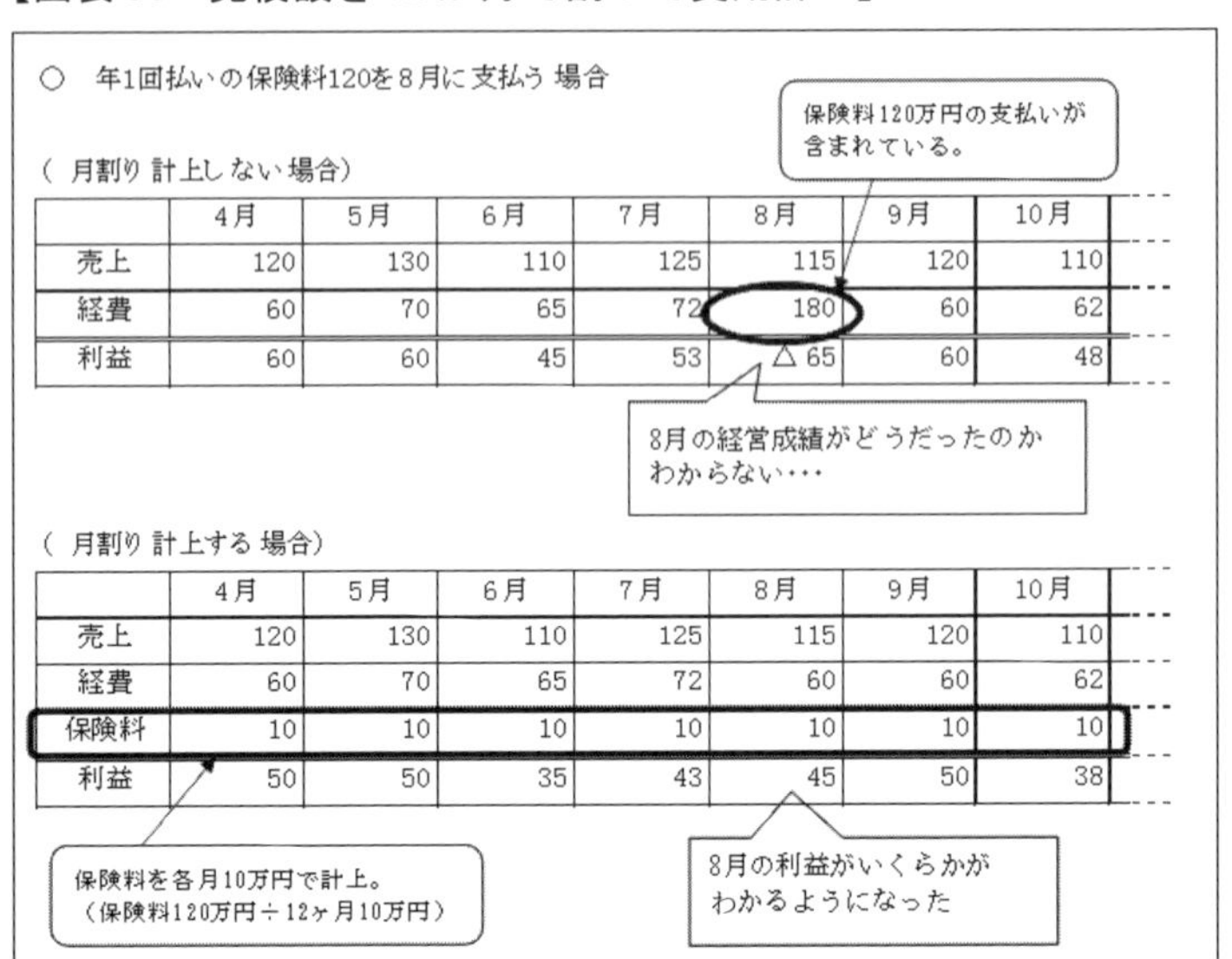

（月割り 計上しない 場合）

	4月	5月	6月	7月	8月	9月	10月
売上	120	130	110	125	115	120	110
経費	60	70	65	72	180	60	62
利益	60	60	45	53	△65	60	48

（月割り 計上する 場合）

	4月	5月	6月	7月	8月	9月	10月
売上	120	130	110	125	115	120	110
経費	60	70	65	72	60	60	62
保険料	10	10	10	10	10	10	10
利益	50	50	35	43	45	50	38

費用計上の見積額を12か月で割って、月々計上するようにしましょう（図表56参照）。

部門別にまとめる

店舗や商品カテゴリーが複数あるときは、部門別に利益計算をするようにします。

部門別に計算することによりどこが好調で、どこが対策を打つべき部門かを把握することができるので、より経営判断がしやすくなります。

4　月次決算を経営に活かす

月次決算で現在の経営状態を把握することは、とても大切ですが、その資料を生かしてより細かな管理をしていくと、さらに質の高い経営判断ができるようになります。

ここでは、予実管理と損益予測を見ていきますから、しっかり理解しましょう。

○予実管理をする

計画に対して今どの位置にいるか

月次決算で直近の事業の実績（現状）がわかりました。しかし、実績を見るだけでは、計画どおりに経営できているのか否かの判断ができません。

予算（計画）と実績を比較して、自分の事業が今どの位置にいるのか、常に事業全体を俯瞰して見る癖をつけましょう。

前年度との比較は必要ないのか

当期の実績と前年度との比較ももちろん大切です。

前年度に比べてあるカテゴリーの売上が減少していれば、原因を考えて対策を検討できますし、粗利率が前期より大幅に落ち込んでいるのであれば、オペレーションや仕入価格に問題がないか検証するなど、様々なアクションに結びつけられますから、必ず毎月チェックすべきです。

しかし、あくまで前年度（過去）であることは忘れてはいけません。「前年度と同じなのでよかった」では、事業は成長しませんから、常に発展を心がけるためにも予算管理は必要なのです。

ここであえて予実管理に触れているのは、前年度対比は多くの会計ソフトで自動的に表示されますが、予実管理はみなさん自身が予算をつくらなければできないからです。

事業を始めるときは、損益計画書をつくりました。初年度はこの損益計画書をもとに予実管理をすればよいのですが、次年度以降も予算を作成するようにしましょう。

予算は、年間のプランを練るときのよいたたき台になりますし、常に事業の立ち位置を把握できるようみなさんを助けてくれます。

その経費は投資か浪費か

予実管理をしていてアクションが必要となるのは、主に売上が予算未達であるとき、利益率が想定より低いとき、経費が予算より多いときです。

挙げたものすべてに適切な対処が必要ですが、特に経費が予算より多いときは注意が必要です。というのも、一口に経費といっても色々な性質のものがありますから、単に支出した金額が多いというだけで、反射的に削減すべきと決めつけるべきではないからです。

まず、経費には、次の3つの性質があることを覚えてください。

① 必要経費……事業を行うために必要な経費（家賃、光熱費、消耗品など）

② 投資的経費……将来の利益を獲得するために支出する経費（試作品費、機械等の減価償却費、研修費、書籍代、接待交際費など）

③　浪費……必要のない経費、無駄遣い

「必要経費」が予算を超えていたら、現在の状況での適正額を検討した上で、できるだけ少なくなるように削減すべきですが、提供する商品・サービスや社内のモチベーションなどに影響を与えるほどの費用の圧縮は逆効果ですから、やりすぎには注意が必要です。

考えられる範囲で「必要経費」を削減しても予算を上回っているようでしたら、予算で設定した金額が低かったのかもしれません。予算の見直しが必要です。

「投資的経費」は、ある意味、支出することを意識すべき性質の経費といえるでしょう。

事業では、投資をしなければリターンはありません。

将来の売上につながりそうであったり、商品・サービスの開発・強化につながると判断したものへの投資は、キチンとすべきです。

初めから多くのお金を割くことは難しいかもしれませんが、この投資に対するリターンが今後の事業のカギを握りますから、少しずつでも投資を意識してお金を使うようにしましょう。

ただ、「投資的経費」といっても、際限なく使っていいものではありません。自社の状況や財務内容から投資に使えるだけのお金はいくらかを考えて予算を設定し、その予算の範囲内でコントロールすることが大切です。

次に「浪費」ですが、これは問題外です。もう一度「想い」に立ち返って、このような性質の支出はなくす必要があります。

【図表57　損益予測】

（単位：万円）

	実績	実績	実績	実績	実績	実績	実績	予算	予算	予算	予算	予算	合計
	4月	5月	6月	7月	8月	9月	10月	11月	12月	1月	2月	3月	
売　上	100	110	115	105	122	114	116	120	130	115	118	122	1,387
仕　入	-20	-22	-23	-21	-24	-23	-23	-24	-26	-23	-24	-24	-277
経　費	-70	-77	-81	-74	-85	-80	-81	-84	-91	-81	-83	-85	-972
利益	10	11	11	10	13	11	12	12	13	11	11	13	138

予測利益がわかる

なお、気をつけてもらいたいのは、リターンがなかった投資は「浪費」ではないということです。

投資とは、お金を払うと商品がもらえるというような、支出をすると必ずリターンが約束されるものではありません。

したがって、見返りがなかったからといって、本来投資であるものを「浪費」ととらえると、投資が少なくなって、事業全体ではマイナスになってしまいます。「投資」と「浪費」は区別できるようにしましょう。

○損益予測をする

1年の見通しが一目でわかる

損益予測とは、「月次決算処理が終わった月の実績」と「まだ実績が出ていない月の予算の数字」を並べることで、当期の予測利益を算出することをいいます（イメージは図表57をご覧ください）。

損益予測でできること

予測利益を算出することにより、当期1年を通しての見通しが明らかになりますが、具体的には次のことができるようになります。

【図表58　損益予測している場合のメリット】

○当期は業績好調！今のところ、思ったより多く利益が確保できている！

1．損益予測をしていない場合

投資に充てたいけど、あまり使いすぎると結局期末には利益が出ないかも・・・。
（いくら投資に使っていいかわからない）

2．損益予測をしている場合

予測利益は、目標利益より100万多い計算だから少し余裕を見て70万円くらい投資に使ってみよう！

(1) 目標利益達成のための対策が検討できる

予測利益が当期目標とした利益に満たない場合には、残りの数か月でどの程度売上を上げればよいのか、経費を削減すればよいのかがわかりますから、全体を俯瞰した形で無理なく対策を検討することができます。

(2) 投資的経費が使える範囲がわかる

業績が好調で多額の利益が確保できそうな場合、その利益を蓄えるのもいいと思いますが、投資的経費に充てるのも1つ方法法です。予測利益と目標利益を比較することでいくら使ってよいかの目安がわかります。

(3) 節税策の具体化

予測利益と予測納税額を出発点として節税を考えると、より具体的な対策が見えてくるようになります。

ただし、筆者は、必要以上に経費を使って利益を圧縮するなど、過度の節税（実際は節税になっていません…）を行うのであれば、納税をしてでも事業資金を確保して、残ったお金を次の投資に充てるなど経営に活かすべきと考えます。

活用できる節税方法は、もちろん活用すべきですが、経営者として節税に対する正しいスタンスを確立するようにしましょう。

5　ＫＰＩを有効に使う

○ＫＰＩを有効に使う

ＫＰＩとは何か

ＫＰｉとは、「Ｋｅｙ Ｐｅｒｆｏｒｍａｎｃｅ Ｉｎｄｉｃａｔｏｒ（キー・パフォーマンス・インジケーター）」の略で、日本語では「重要業績評価指標」といい、設定した目標が達成に向かってどう進んでいるかを計測する指標のことを指します。

なお、ＫＰＩは、目標に与える影響が大きくて、かつ、実測可能な数値で表すことができるものでなくてはなりません。

○ＫＰＩを効果的に使ってみよう

ＫＰＩの設定の仕方

ＫＰＩを設定するときにまずやることは、目標利益を構成する要素のうち、利益を確保する上で重要と思われるものをどんどん分解することです。日々、数値で計測できるところまで細かくしていきます。

分解ができたら、「風が吹けば桶屋が儲かるといった」というイメージで、この要素の数値を抑えれば目標利益を達成する可能性が高いというものを選びます。その選んだ要素がＫＰＩとなるのです。

それでは、目標利益５００万円という飲食店を例に考えてみましょう。

５００万円の目標利益を達成するためには、やはり売上を目標どおりに確保することが重要ですから、売上をその構成する要素ごとに分解していきます。

売上は、「客単価×1日の客数×営業日数」でも分けられますし、「(メニューA×1日の販売数＋メニューB×1日の販売数)×営業日数」や「1日の平均売上×営業日数」など、いろいろと分解することができます。この中で目標達成を管理するために最も影響のある分解方法を考えるのです。

仮に最も影響がある要因が、「1日の客数」であったとしましょう。そして、目標を達成するには45人の人に来てもらう必要があると計算されたとすると、この「1日の客数が45人」というのがＫＰＩとなります。

このＫＰＩを決めることにより、「1日の客数が45人」を上回っていれば、目標どおりに進んでいる、下回ることが続けば、目標達成が遠のくので客数を増やすための対策を考えなければならないということがわかるようになるのです。

ＫＰＩを日々の仕事に生かす

おさらいすると、ＫＰＩは、①目標利益を達成するために最も影響を与えるもので、②数字で表すことができ、③日々検証が可能なものとする必要があります。

なお、③については、曜日によりＫＰＩの数値の変動が大きいのであれば、１週間を１つの区切りとするなどで問題ありません。その業種業態にあった形で計測ができて、検証が可能であることが重要なのです。

ＫＰＩを毎日確認して問題があれば、対策を打つというフローを確立していくと、月次決算を締める前により迅速な対処ができるようになりますから、ぜひみなさんの事業でのＫＰＩを考えてみてください。

ＫＰＩの考えを行動につなげる

前項では、目標利益に向かって事業を運営できているかの「経営の確認指標」としてＫＰＩの活用方法を見てきましたが、客数や販売数などをクリアするためにＫＰＩを目標としても、なかなか成果が上がらないことがあります。

その要因として、「経営の管理指標」としてのＫＰＩは、いわば結果数値ですから、それ自体を目標としてもクリアするための具体的行動が起こせないことが挙げられます。

しかし、ＫＰＩを掘り下げてみると、ＫＰＩをクリアするためにはどのような行動をすべきかの「数値目標」である行動指標が見えてきます。ＫＰＩを定めたら、現場の人がどう動くべきかまで売上の構成要素を深掘りするようにしましょう。

行動指標はコントロールできる

ＫＰＩは、前述したとおり結果数値ですから、モニタリングしかできません。しかし、行動指針は、訪問件数などコントロール可能な数値です。自社でコントロール可能な目標を設定することにより、積極的な経営をすることができるようになりますから、必ず設定するようにしてください。

売上を細分化する

行動指標は、どのように営業していくかを検討する上で有用ですから、製品を販売するための営業を例に考えてみます。

図表59をご覧ください。製品の売上は、まず単価×数量に分けることができます。「経営の確認指標」としてのＫＰＩは、数量がいくつ売れれば目標利益を達成できるかという観点で見ていきましたが、行動指標を決めるには売上をもっと細分化する必要があります。

例えば、販売数量は、新規顧客からの受注と既存顧客からの受注に分けることができします。そ

【図表59　売上の細分化】

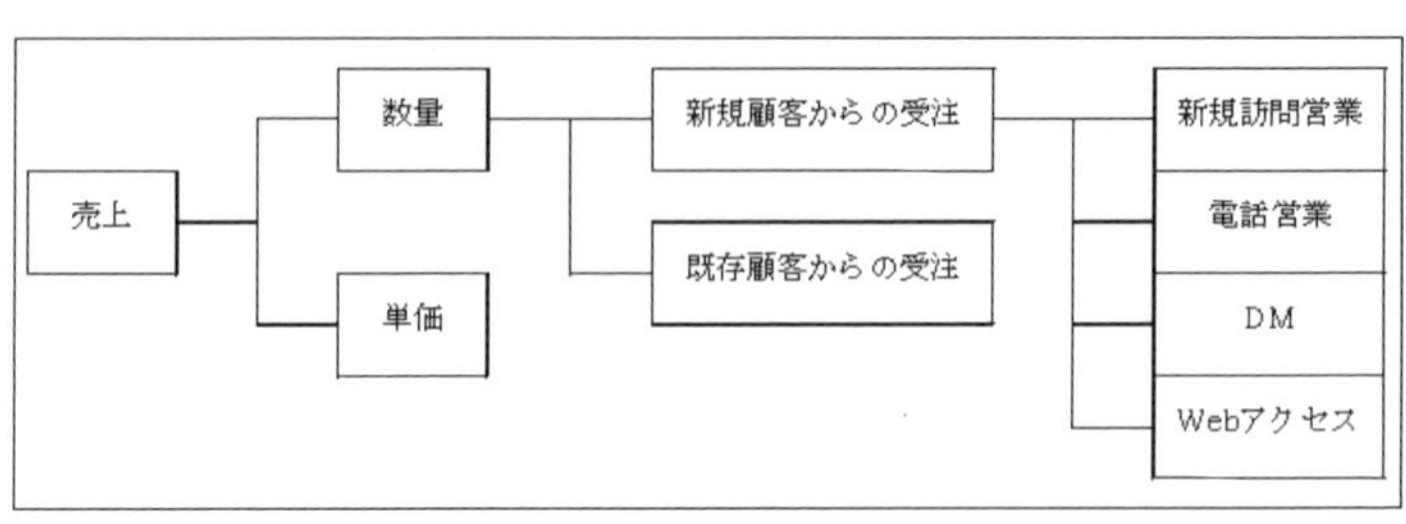

して、目標利益を達成するには、新規の顧客の開拓に力を入れて数を増やさないといけないとしましょう。

新規顧客からの受注を増やすべきことがわかったら、新規の受注を増やすための営業方法は今までどのようなことをやってきたか、また、新たな営業方法として何があるかを考えてみるのです。そうすると、重点的に取り組むべき行動指標が少しずつ見えてきます。

行動指標を決定する

図表59では、「新規訪問営業」、「電話営業」、「DM」、「Webアクセス」挙げてみました。次に、この受注に結びつけるための営業方法を検証していきます。

データ収集の切り口は、各方法の「実際の受注件数」、「引合いの件数」、「約定の割合」などいろいろあります。これらの他にも、例えば、各方法の引合いの件数を時系列で並べて、過去から現在までのそれぞれのトレンドを見るのも1つの方法です。

データの収集ができたら、データを組み合わせて各営業方法で重視すべき具体的な行動指標を決めていきましょう。

例えば、ＫＰＩをクリアするために、「新規訪問営業」で年間１００件の受注が必要とすると、「新規訪問数」×「新規訪問したときの約定の割合」＝１００件になればよいことになります。

仮に「約定の割合」が10％だとすると、会社として年間１，０００件の新規訪問が必要で、営業社員が３人いれば各営業社員は1か月に27件（＝１，０００件÷12か月÷３人）以上新規訪問するという目標数値が見えてきます。

行動指標は数値とする

「営業社員1人1か月27件以上の新規訪問」がＫＰＩを基とした行動指標となりますが、この指標はＫＰＩ同様、客観的に測定することができる数値であることが重要です。

数値でなければ、行動指標を使う社員の具体的な目標を定めることができませんし、経営者や管理職も営業活動の進捗を一目で把握することができなくなります。

目標利益を達成する目的で売上を細分化していくと、最終的にはどの営業手法を採用するかに行き着きます。すると、営業手法という手段が目的になってしまいがちです。

しかし、どの営業手法を採用するかは、行動指標を定めた上で、それを達成するにはどう行動すべきかを考える過程で決めたほうが、より目標利益に即した行動をとることができるようになります。

測定可能な数値を行動指標としなければいけないことは、ぜひとも忘れないようにしましょう。

著者略歴

松村　一朗(まつむら　いちろう)

昭和52年横浜市西区生まれ。立教大学経済学部経済学科卒業。

現在、横濱元町会計事務所　代表・税理士。

平成25年に独立。横濱元町会計事務所を開設してからは、会社の決算対策、役員報酬の適正額試算や経営計画の作成等などを通じて顧問先にとってベストとなる方策を提案する「提案型税理士」として、日々活動している。

また、クライアントは、筆者と同じく起業したてや社歴の浅い、若い経営者が多いため、創業後の悩みや税務以外の問題に対するアドバイスも多く行っている。

熱い想いを大切にする骨太「起業術」

2016年4月22日　初版発行

著　者　松村　一朗　© Ichiro Matsumura
発行人　森　　忠順
発行所　株式会社 セルバ出版
〒113-0034
東京都文京区湯島1丁目12番6号 高関ビル5B
☎ 03(5812)1178　FAX 03(5812)1188
http://www.seluba.co.jp/
発　売　株式会社 創英社／三省堂書店
〒101-0051
東京都千代田区神田神保町1丁目1番地
☎ 03(3291)2295　FAX 03(3292)7687

印刷・製本　モリモト印刷株式会社

Printed in JAPAN
ISBN978-4-86367-262-8